Walter Aar – Aus dem Leben eines Schwindlers

Moderne Märchen und Kurzgeschichten

Eine Klo-Lektüre

von Yvonne Kayl

Bibliografische Information der Deutschen Nationalbibliothek

Die Deutsche Nationalbibliothek verzeichnet diese Publikation in
der Deutschen Nationalbibliografie; detaillierte bibliografische
Daten sind im Internet über http://dnb.d-nb.de abrufbar.

Inhaltsverzeichnis

Für meine Mutter und meine beiden Söhne

Ich danke allen Undergroundghosts für die Hilfe und Unterstützung, die sie mir bei der Erstellung dieses Buches gegeben haben

Vorwort

Ich habe sie im Laufe meines Lebens immer wieder getroffen, die „Walter Aars" dieser Welt: Angeber, Schaumschläger, Wichtigtuer, Faker, taube Nüsse, Schwindler, Betrüger, Hochstapler etc., die sich stets gerne auf Kosten anderer Menschen in Szene setzen. Ihnen ist keine Lüge zu gewagt und kein Schlag zu tief, um zu ihrem Ziel zu gelangen. Ich hasse sie inbrünstig. Sie missbrauchen unser Vertrauen, verletzen uns und füllen unser Wesen mit Misstrauen gegenüber anderen Menschen. Sie versprühen ihr Gift über unser Leben und wir können oft nichts dagegen tun.

Die Figur Walter Aar ist die Personifizierung dieses Typus Mensch, eine Karikatur und eine Schlüsselfigur, wie die böse Hexe oder der böse Wolf im Märchen. Walter Aar ist all das, was man nicht sein möchte, behaftet mit allen möglichen Makeln, die ihn zum unsympathischsten Zeitgenossen weit und breit machen. Aber Walter Aar provoziert auch unser Lachen. Seine oft vergeblichen Bemühungen sich in Szene zu setzen, sind meist so lächerlich, dass wir einfach nur darüber lachen müssen, und das mit gutem Gewissen, denn Walter Aar ist ja eine Art Comic-Figur, fernab der Realität. Er ist ein Homunkulus und die Geschichten sind Fiktion. Jede Ähnlichkeit mit lebenden oder verstorbenen Personen ist unbeabsichtigt und rein zufälliger Natur. Die Wahl des Namens erfolgte auch nach Überprüfung im Telefonbuch und per Google, damit keine real existierende Person sich durch die Verwendung des Namens beleidigt fühlen sollte.

Dieses kleine Werk ist sozusagen meine persönliche Rache an allen „Walter Aars", die meinen Weg gekreuzt haben.

Noch eine kurze Anmerkung, bevor Sie mit der Lektüre dieses Traktats fortfahren: In meinen Geschichten wurde Walter Aar zumeist als homosexuell dargestellt, wobei ich dadurch auf keinen Fall den Eindruck erwecken möchte, dass ich homophob sei, ganz im Gegenteil. Viele meiner besten Freunde sind schwul (hi Stefan, David, Dirk und alle anderen) und gemeinsam mit ihnen habe ich so manchen schönen Abend in Gay-Bars und Gay-Discos, auf CSDs in diversen Orten und anderen Treffpunkten der Gay-Community verbracht. Hier hatte ich oft Gelegenheit die Techtelmechtel der Jungs (und „Mädels") zu beobachten. Und, ich bin mir sicher, manch Kenner der Schwulenszene wird den einen oder anderen Wesenszug von Walter Aar mit einem Schmunzeln quittieren, da er ihm nicht unbekannt sein dürfte. Denn auch dort ist es, wie überall auf der Welt, es gibt immer solche und solche Zeitgenossen und „gay" heißt leider nicht immer unbedingt auch „gut".

Die seltsamen Machenschaften des Walter Aar

In einer großen Stadt lebte ein sehr dicker schwuler Mann namens Walter Aar, der sehr unglücklich war über sein Schicksal. Er war fett, er war hässlich, und er war stinkfaul. Deshalb hatte er keinen Freund und auch kein Geld. Und er hatte natürlich auch keine Arbeit, aber dafür hohe Ansprüche. Er wollte gut leben, essen so viel es nur ging, sich amüsieren und sich mit hübschen, jungen Männern brüsten. Doch er wusste, schöne Männer kosten Geld - zumindest normalerweise, und das hatte er leider nicht. Deshalb dachte unser Walter nach: Er musste einen Weg finden, um schnell zu Geld zu kommen, und dies mit dem geringstmöglichen Einsatz. So blühte eines Tages in ihm der Gedanke, Schriftsteller zu werden.

Im stillen Kämmerlein fing er an zu schreiben. Und er schrieb und schrieb, Seite um Seite füllten sich die leeren Blätter. Sein erster Roman entstand, ein zweiter, dritter und vierter folgten. Schließlich fand er sogar einen süßen kleinen Verlag, der bereit war, seine mühsam geschriebenen Zeilen zu veröffentlichen. Er verdiente mit seinen Büchern auch Geld, allerdings jeweils erst ab dem zweihunderteinundfünfzigsten verkauften Exemplar, wie es bei diesen Kleinstverlagen üblich war. Doch das mit dem Verkauf wollte einfach nicht so recht klappen. Auch nach einem Jahr hatte er pro Titel nur dreihundert Bücher verkaufen können, und so waren anstatt des großen Geldes schließlich nur knapp hundert Euro in seiner Tasche.

Walter schämte sich. Er war total frustriert. Zum ersten Mal hatte er sich richtig Mühe gegeben, und so schlecht wurde sie belohnt. Die Welt war böse. Vor allem mit ihm. Niemand mochte ihn, niemand wollte ihn haben. Und deshalb wollte er es allen heimzahlen.

***

Zunächst suchte er sich einen hübschen, aber schwachen Jungen, den er nach Belieben manipulieren konnte. Er überzeugte ihn davon, dass er Walter brauchte, um sein Leben zu organisieren. Walter sollte alles für ihn erledigen, von Ämtergängen über Gespräche bei der Bank bis zum Finden einer Wohnung und einer Arbeit. Er versprach dem Jungen auch, immer an seiner Seite zu bleiben. Das war auch durchaus seine Absicht, aber nicht so sehr, weil er den Jungen liebte, sondern vielmehr, weil er dessen Hartz IV-Geld besonders liebte. Denn der Junge vertraute seinem Retter blind. Für ihn war Walter Aar der Retter aus seiner tiefen, seelischen Not. Und er hätte nie geglaubt, dass Walter ihn betrügen oder gar rücksichtslos hintergehen und ausnutzen würde.

Doch unser Walter war ganz anders, als der Junge dachte. Er beeinflusste das unschuldige Kind und eignete sich die Verfügung über sein gesamtes Geld an. Das gab er dann für sich selbst aus, prahlte damit vor seinen Kumpeln und ließ nach außen den Schein entstehen, er sei ein reicher gebildeter Mann, denn er war ja, laut eigenem Wunschdenken, ein bekannter Schriftsteller.

Er fing an immer mehr zu übertreiben und immer mehr Leute davon zu überzeugen, was für ein toller Kerl er sei. Und immer mehr Menschen glaubten dem Schein, ließen sich von ihm blenden und verführen und wurden in sein Netzwerk von Lügen und kleinen Betrügereien eingebunden.

***

So lieh er sich mal von einem Bekannten zweihundert Euro fürs Wochenende, damit er seinem damaligen Lover etwas bieten konnte, „vergaß" aber nach dem besagten Wochenende das Geld zurückzuzahlen. Es kam ihm gerade recht, dass es den meisten Menschen peinlich ist, andere an ihre Schulden zu erinnern. Nun, wenn seine Mitmenschen so blöde waren, warum sollte er das nicht ausnutzen!

Ein anderes Mal luchste er auf eine ziemlich fiese Art einer armen, gutmütigen, arbeitslosen Frau sechshundert Euro ab, die sie sich mühsam mit einem Eineurojob beim Gartenbauamt verdient hatte, weil angeblich seine Eltern so böse waren und ihm nicht mal das Geld geben würden, um seine Studiengebühren für die Uni zu bezahlen. Er versprach, er würde der mitfühlenden Frau selbstverständlich ihr Geld in zwei Wochen, wenn die nächste Gehaltszahlung aus seinem Studentenjob fällig war, zurückgeben. Doch aus zwei Wochen wurde drei dann zehn, ein Jahr … und nach drei Jahren wartete sie immer noch vergebens darauf, dass er ihr endlich ihr Geld zurückzahlen würde, denn den besagten Job hatte es nie gegeben und seine Schreibarbeiten brachten ja auch nicht das ein, was er sich erhofft hatte.

Anderen versprach er, der „große bekannte Bestsellerautor" (von wegen, mit seinen jeweils dreihundert verkauften Exemplaren), ein großes, erfolgreiches, gemeinsames Buchprojekt und ließ sich dafür von ihnen kreuz und quer durch die Republik kutschieren und verköstigen, und manchmal sogar logieren. Er lebte gut, wie die Made im Speck. Denn für seine Fresssucht war bestens gesorgt und sein Magen immer mit leckeren Speisen gefüllt.

Er hatte auch andere Dumme, die für ihn arbeiteten. Dass sie für ihre Arbeit aber kein Geld bekommen sollten, das wussten sie noch nicht. Denn bevor der Lohn ausbezahlt werden konnte, ging das Unternehmen, das er angeleiert hatte, natürlich über die Wupper, und die Einnahmen, wie üblich, in Walters Tasche. Doch auch hier gab es einen Sündenbock, der Schuld an allem und vor allem an der Pleite war, und Walter wusch seine Hände in Unschuld.

***

So verstrich Jahr um Jahr und je größer seine Lügen wurden, desto dicker wurde er. Er glich einem richtigen Fettklops, seine Kleider mussten eigens für ihn angefertigt werden (dies ging natürlich auf Kosten anderer) und schließlich passte er nur noch in Spezialbusse, die ihn ab und zu in die Stadt transportierten. Das Laufen war mittlerweile für ihn eine Qual geworden, weil seine inzwischen viel zu kleinen Füße die riesige Fülle seiner Körpermasse nur noch mit Mühe tragen konnten, und deshalb watschelte er wie eine Ente die wenigen Schritte, die er sich noch täglich zwischen Wohnzimmer und Klo bewegte.

***

Doch einem überirdischen Wesen gefiel das miese, ausbeuterische Verhalten von Walter Aar überhaupt nicht. Es wollte ihm zeigen, dass man nicht auf Dauer so mit seinen Mitmenschen umgehen konnte. So sann es auf Rache und bestrafte ihn schließlich mit einer besonderen Krankheit.

***

Jetzt konnte Walter essen so viel er wollte, aber er wurde niemals satt und er nahm gleichzeitig ständig ab. Er wurde dünner und dünner - wie der Suppenkaspar - bis die Menschen auf einmal sahen, was er wirklich war: ein Nichts. Und alle fingen an zu lachen über diesen dünnen mickrigen Wicht, der sich in seiner Geltungssucht aufgeblasen hatte wie ein Frosch, und der doch einfach nur ein Nichts war.

Neues von Walter Aar

In der großen Stadt gab es einen bekannten Parodie-künstler, der eine wichtige Person im Staate nachahmte. Diese Show erfreute sich allgemeiner Beliebtheit und wurde sogar bei dem Staatsmann bekannt. Ein Fanclub unterstützte den Künstler und wollte als besondere Überraschung den Staatsmann zur Show einladen. Doch eine enge Mitarbeiterin des Staatsmannes namens Jeannine Küster, die auch schon in der Show war, erklärte dem Fanclub, dass der Staatsmann mit Terminen überschüttet und mit dem Regieren des Landes ausreichend beschäftigt sei. Im Gegenzug erklärte aber Frau Küster, dass sie gerne bereit sei, als Überraschungsgast wieder der Show beizuwohnen und Ehrenmitglied des Fanclubs zu werden.

In der Folge fanden ein reger Schriftverkehr und einige Telefonate zwischen Frau Küster und dem Organisationskomitee des Fanclubs statt, bis alles perfekt geregelt war.

***

Von diesen Plänen hatte Walter keine Ahnung. Er hatte nur über zig Ecken zufällig erfahren, dass man den Staatsmann einladen wollte. Da sah Walter erneut seine Zeit gekommen. Er konnte mal wieder in Aktion treten und seine unersättliche Geltungssucht richtig ausleben.

Er erzählte zwei Mitgliedern des Fanclubs, er sei vom Sekretariat des Staatsmannes kontaktiert worden, um fünf Tische für insgesamt fünfzig Besucher zu reservieren, weil der Staatsmann an der letzten Show teilnehmen wolle. Das eine Mitglied hatte seine Zweifel an dieser Geschichte und behielt sie für sich. Das andere jedoch, das Walter Aar glaubte, erzählte sie weiter an die Mitglieder des Fanclubs. Man schwankte nun zwischen Glauben und Unglauben.

Der Skeptiker kontaktierte Walter nochmals unmittelbar vor der Show und wollte wissen, ob der Staatsmann denn nun komme oder nicht, denn man wollte schließlich nicht unvorbereitet sein, da man ja auch noch einen eigenen Überraschungsgast vom Fanclub habe. Bereits zu diesem Zeitpunkt machte Walter einen Rückzieher und meinte, der Staatsmann werde wohl doch nicht kommen. Als der Skeptiker daraufhin fragte, ob man denn dann die reservierten Tische abbestellt habe, meinte Walter nur, er habe sowieso nichts mehr mit der Organisation zu tun, da würden sich jetzt andere darum kümmern. Mit keinem Sterbenswörtchen erwähnte er dabei, dass er Frau Küster sozusagen in der Hinterhand habe. Später stellte sich dann auch heraus, dass diese fünf Tische niemals bestellt worden waren.

***

Dann kam der Tag der Show. Natürlich tauchte der Staatsmann nicht auf. Aber die Mitarbeiterin nahm mit drei weiteren Bekannten, wie versprochen, an der Show teil, die ein voller Erfolg wurde und alle, die dort waren, hatten ihren Spaß.

***

Wenige Tage später war der Vorsitzende des Fanclubs in einem Lokal in der großen Stadt. Dort traf er Walter Aar. Dieser sprach ihn an und fragte ihn, ob das nicht toll gewesen wäre, was er, Walter, für den Parodiekünstler auf die Beine gestellt habe. Der Staatsmann habe an der Show des Künstlers teilnehmen wollen, sei aber in einem Stau stecken geblieben. Durch sein, Walters, schnelles Eingreifen und nach einigen Telefonaten hätten dann doch noch spontan vier andere

Mitglieder der Volksvertretung, darunter auch Jeannine Küster, an der Show teilgenommen. Er, Walter, habe dann nach der Show sogar dem Künstler seine Korrespondenz mit dem Sekretariat des Staatsmannes gezeigt, aber der Künstler habe von dieser Aktion keine Ahnung gehabt. Walter fühlte sein Engagement für den Parodiekünstler von den anderen Mitgliedern des Fanclubs nun zu wenig gewürdigt und beklagte sich deshalb bitterböse bei dem Vorsitzenden.

Dieser konnte sich kaum das Lachen verkneifen. Hatte Walter doch hier gerade den Richtigen angesprochen, nämlich den Mann, der das Ganze wirklich organisiert hatte, und gerade diesem wollte er ein X für ein U vormachen und seine gefakten Emails als die Originalkorrespondenz mit den Volksvertretern verkaufen.

Der Vorsitzende erzählte daraufhin diese Geschichte bei seinen Freunden und Bekannten, und alle lachten über die Dummheit von Walter Aar, der in seiner Geltungssucht vergessen hatte, dass man aufpassen sollte, wem man was erzählt, wenn man Lügen verbreitet, denn bekanntlich haben Lügen kurze Beine.

Schnorren will gelernt sein

Wer kennt sie nicht, die lästigen Schnorrer. In der Mensa laufen sie von Tisch zu Tisch, früher mit den Worten „Haste mal ′ne Mark?", heute wohl eher dann mit „Haste mal ′nen Euro für mich?". Jeden Tag das gleiche Spiel. Und sie versuchen tatsächlich noch die Leute anzugraben, die eh schon nur sehr wenig Geld haben. Mir waren sie immer ein Dorn im Auge, ich habe sie gehasst.

Ein ähnliches Spiel lief früher oft auch an den U- und S-Bahn-Haltestellen ab. „Haste mal ′nen Glimmstengel für mich?" oder „Haste mal Kleingeld für mich? Ich hab' mein Portemonnaie vergessen und will nach Hause fahren." Wer dann jeden Tag die gleiche Strecke fährt und jedes Mal das gleiche Spielchen sieht, kann sich ja dann wohl denken, welcher Wahrheitsgehalt diese Sprüche haben.

***

Auch Walter Aar war ein Schnorrer, doch er hatte eine andere Masche entdeckt. Und bei allem, was es über ihn zu sagen gibt, man muss gestehen, dass seine Methoden wesentlich subtiler und nicht so schnell zu durchschauen waren.

Die eine Methode war das Telefonschnorren. Sobald Walter sich in das Auto eines Bekannten setzte, fragte er, ob er mal „kurz" dessen Handy benutzen könne, denn sein Akku sei leer (dies war die am meisten verwendete Ausrede) oder, was er auch manchmal sagte, seine Karte sei leer. Eine Zeit lang behauptete er sogar, er habe massive Probleme mit dem Telefonprovider, und dieser habe nun sein Telefon gesperrt. Wie dem auch sei, sein Telefon war zurzeit nicht benutzbar. Da die meisten seiner Bekannten gutmütige Menschen waren, gestatteten sie ihm selbstverständlich das Handy zu benutzen.

Jetzt konnte Walter loslegen. Er telefonierte dann nämlich mit Hinz und Kunz während der ganzen Fahrt und laberte mit diesen Menschen über Lappalien, selbstverständlich auf Kosten seines netten Mitmenschen, der ihm die Benutzung seines Handys erlaubt hatte. Nach einer Weile war dieser sicherlich etwas pikiert, dass Walter Aar solche langen, und vor allem belanglosen Gespräche über dessen teueres Handy führte. Dennoch wagte kaum jemand, ihn in seine Schranken zu verweisen. Man war ja befreundet und wollte sich nicht kleinlich zeigen.

Geld leihen ist unfein. Aber Walter hatte auch hier eine feine Methode entwickelt um zu Geld zu kommen, ohne es später zurückzahlen zu müssen. Er wurde Vermittler. Er vermittelte zwischen Käufer und Verkäufer diverser Waren. Beim Käufer kassierte er dabei das Geld vorab, dem Verkäufer gegenüber behauptete er jedoch, vom Käufer noch keine Kohle erhalten zu haben. Der Verkäufer könne aber die Ware dort lassen, und er würde ihm dann das Geld geben, sobald der Käufer es ihm ausgehändigt habe. Dies tat er in der Hoffnung, dass der Verkäufer im Laufe der Zeit den Überblick über die geschuldeten Beträge verlieren würde, denn ab und zu bezahlte er ihm einen Teilbetrag der Ausstände, aber nie die gesamte Summe. Und bei den meisten Menschen klappte das auch prima.

Käufer und Verkäufer kannten sich zumeist nicht und konnten sich deshalb auch nicht untereinander aussprechen. Auf diese Weise trieb Walter seine Spielchen mit manchen Menschen über Jahre. Dass er dem Käufer einen erhöhten Betrag (sein Fixanteil an der Transaktion wurde gleich einkalkuliert) in Rechnung stellte, ist ja wohl schon fast selbstverständlich.

So war Walter inzwischen ein Meister geworden im Jonglieren mit fremdem Geld, das ihm in großen Strömen zu- aber nur in Rinnsälchen wieder abfloss.

Doch, neben dem Telefonschnorren und dem Vermittlungsgeschäft hatte Walter noch eine weitere Variante gefunden, um seine Mitmenschen schamlos ausnutzen zu können: die kostenlosen „Taxifahrten". Walter ließ sich unter irgendeinem Vorwand von vielen Menschen kostenlos durch die Gegend kutschieren. Meist gaukelte er dem Geprellten ein positives Ereignis am Ende der Fahrt vor, das sich dann aber am Ziel als Luftschloss herausstellte: Die potenziellen zukünftigen Auftraggeber tauchten erst gar nicht auf, das tolle Restaurant, wo sie umsonst speisen konnten, war eine billige Imbissbude, die „kurze" Strecke zu einem Freund nur mal hundertfünfzig Kilometer lang etc.

Und das Schlimmste war, die meisten Menschen merkten noch nicht einmal, dass er sie ausnutzen wollte, zumindest am Anfang nicht.

***

Einer der Götter des Olymps, die Walters Treiben missbilligend beobachteten, hatte eines Tages genug gesehen und wollte ihm Einhalt gebieten. Er stieg hinab auf die Niederung der Erde in der Gestalt eines hübschen Jünglings. Und es kam, wie es kommen musste: Walter sprach ihn an und begann ihn zu umwerben. Nach und nach entwickelte sich eine „Freundschaft" zwischen den beiden, aber Walter wusste nicht, mit wem er da anbändelte. Er begann dann auch seine Spielchen mit seiner neuen Eroberung. Er schlug vor, dass die beiden einen sehr guten Freund von ihm im

Ausland besuchen sollten. Der Jüngling stimmte zu und gemeinsam fuhren sie in dem tollen und schicken Wagen seines neuen Bekannten los.

An der ersten Tankstelle bog der Jüngling ein, fuhr an die Zapfsäule und tankte voll. Dann kam er zu Walter und lächelte ihn an. Er bat Walter, doch mal kurz für ihn an der Kasse das Benzin zu bezahlen, er habe gerade bemerkt, dass er seine Karte vergessen habe.

Das war ja etwas ganz Neues für Walter! Er machte jedoch gute Miene zum bösen Spiel, ging an die Kasse und bezahlte. So etwas konnte ja jedem passieren, und schließlich fuhr der andere ihn ja auch kostenlos die vierhundert Kilometer in seinem tollen Schlitten zu seinem Bekannten. Außerdem würde der Jüngling ihm später das Geld bestimmt zurückzahlen.

Nach zwei Stunden Fahrt hatte der junge Mann Hunger, suchte ein feines Lokal an der Strecke und sie kehrten dort ein. Das aufgetischte Mahl schmeckte vorzüglich, doch als dann die Rechnung gebracht wurde, dämmerte es Walter, was da wohl auf ihn zukam: Der junge Mann schob ihm mit einem Lächeln die Rechnung hin und sagte: „Du weißt ja, meine Karte ....". Wieder musste Walter in den sauren Apfel beißen und zähneknirschend die Zeche bezahlen.

Schließlich kamen sie bei Walters Bekannten an. Sie verbrachten dort einige sehr schöne Tage, während denen Walter immer wieder für den Jüngling zu seiner Scheckkarte greifen musste. Auf der Rückfahrt erfolgte dann noch einmal das gleiche Spiel: tanken, essen, und dann auch noch telefonieren. Zum ersten Mal musste Walter sein eigenes Handy an einen Fremden herausrücken, der mal „kurz" telefonieren wollte. Zwei Stunden dauerte das Gespräch, das der Jüngling mit seiner

Mutter führte. Lächelnd gab er Walter dann das Handy zurück und sagte einfach nur „Danke!". Walter kochte innerlich, ließ sich aber natürlich nichts anmerken. Dieser Kerl war gerade dabei ihn aus seinem Konzept zu bringen. So war das nicht von ihm geplant gewesen!

Doch es kam noch schlimmer. Als sie am Ende ihrer Fahrt wieder in die große Stadt kamen, bog der Jüngling plötzlich in den Hof einer Autovermietung ein und parkte das Auto. Dann erklärte er Walter, er habe das Auto für die Fahrt bei einem befreundeten Autovermieter angemietet gehabt, und Walter sollte nun auch noch das Mietauto mit seiner Karte bezahlen, denn er wusste ja, die Karte des Jünglings et cetera. Walter war sprachlos, wagte aber nicht sich zu weigern und zahlte jetzt auch noch das Mietauto. Gemeinsam fuhren sie mit der Straßenbahn, wo er auch noch dem anderen den Fahrschein bezahlen musste, in die Stadtmitte zurück. Unterwegs erhob sich dann plötzlich der Jüngling und stieg lächelnd aus, nachdem er Walter ein „Danke, man sieht sich!" zugeworfen hatte.

***

Immer wieder ging Walter in seine Stammkneipe, doch der hübsche Jüngling ward nie wieder gesehen, und Walter musste langsam einsehen: Schnorren will gelernt sein! Oder, wie die Franzosen sagen: A malin, malin et demi!

Der Vertrag

Walter liebt Geschäfte. Vor zwei Jahren hatte er deshalb in der großen Stadt mit einem Bekannten einen tollen Laden eröffnet: eine Gaststätte mit Bühnenbereich, wo weltberühmte Künstler des Varietés auftreten sollten. Die Gaststätte war wirklich ein Schmuckstück. Nur .... Es dauerte etwas mit der Konzession. Die Künstler waren bereits engagiert, traten auf und bekamen ihr Geld. Leider fand das aber zumeist vor leeren Tischen statt. Denn ohne Konzession keine Werbung, ohne Werbung keine Gäste, ohne Gäste keine Kohle. So kam es, dass trotz der hervorragenden Küche und des Show-Programms dieses Schmuckstück des Entertainments bereits nach nur knapp zwei Monaten wieder seine Türen schließen musste: Insolvenz. Diejenigen, die Walter und seinen Kumpel bei diesem Unternehmen auch finanziell unterstützt hatten, sei es durch Darlehen, sei es durch Spirituosenlieferungen oder ihre Arbeitskraft kuckten in die Röhre, und das hatte für Walter einen enormen Imageverlust zur Folge, den er nur schwer verkraften konnte.

***

Mitten in diesem Debakel, um die Jahreswende, tauchte eines Nachts in seinem Zimmer ein merkwürdiges Wesen auf, potthässlich und mit dunklen Schwingen, das ihm versprach, was er am meisten wollte, nämlich Ruhm und Anerkennung, und es verlangte dafür als Gegenleistung „das Beste an ihm". Nach zwei Jahren wollte das Wesen wiederkommen und sein Pfand abholen. Als Walter erschrocken fragte, ob er dann sterben müsse, grinste das Ungeheuer nur fies und meinte: „Nein, du kannst danach weiterleben, wenn du möchtest."

Na ja, so unbekannt war dieses Szenario ja nicht, und so willigte Walter ein. Danach ging es wieder rapide bergauf mit ihm und er sonnte sich in der ungeteilten Aufmerksamkeit seines Freundes- und Bekanntenkreises. Er war überzeugt: Man mochte und liebte ihn.

***

Doch dann, nach fast zwei Jahren, kam eine Zeit, in der Walter litt wie ein Hund: Sein bester Freund hatte ihn verlassen, einige seiner kleineren Schwindeleien waren aufgeflogen, er hatte kein Geld und er fühlte sich einsam und verlassen. In diesen grauen öden Stunden vor dem PC hatte er eine Idee: Er brauchte ein neues Geschäft! Und wenn er keins hatte, dann würde er eben eins erfinden müssen. So erstellte er einen Pachtvertrag über eine tolle Location und eine „vertragliche Vereinbarung", mit der er einen Geschäftsführer ködern wollte. Es sollte ja alles offiziell und seriös wirken. Ja, das war's! Damit konnte er wieder seiner geliebten Geltungssucht frönen und im Licht der allgemeinen Anerkennung baden!

***

Zunächst lockte er seinen Ex-Freund mit einem tollen Arbeitsplatz: Geschäftsführer einer neuen Diskothek, dem zukünftigen neuen In-Etablissement schlechthin in der großen Stadt. Einen schmucken Namen hatte er auch schon gefunden: UpperfloorG. Es sollte in einem Kellergewölbe sein, ganz in der Nähe des Stadtzentrums und der Schwulen-Szene der großen Stadt. In dem „Pachtvertrag", den er aus dem Internet geladen hatte, und in den er seine Angaben einfügte, kam dann auch die Adresse der Location zu stehen. Es sollte ja alles amtlich aussehen. Er hing sogar einige Pläne an, die er zuvor mit einem CAD-Programm selber gezeichnet hatte (Pech nur, dass sie leider doch nicht wie echte Pläne aussahen … Aber, wir wollen ja nicht vorgreifen!).

Walter präsentierte seiner alten Liebe, die ihn verschmäht hatte, sein neues Projekt, und tat dabei auf Aussöhnung und „ich habe dich doch immer noch so lieb", alles damit sein Ex anbeißen sollte. Inzwischen hatte dieser aber schon so einiges über die diversen Machenschaften des Walter Aar erfahren und stand dieser neuen Geschichte dann doch etwas misstrauischer gegenüber. Aus dem Jungen war eben ein erwachsener Mann geworden, dem Walter schon mehr als einmal übel mitgespielt hatte. Da sei doch nur der entgangene Lohn für etliche Monate in dem ersten Lokal erwähnt. Nun ja, der junge Mann, den wir hier Sven Jaan nennen wollen, ließ sich das neue Projekt von Walter vorstellen. Zuhören kostet ja nix.

Voller Euphorie schilderte Walter ihm die neuen Lokalitäten, dass alles frisch renoviert würde, der Vermieter sei schon dabei, und dass er Walter auch schon den Pachtvertrag unterschrieben habe, achtzehnhundert Quadratmeter im Herzen der Innenstadt auf zwei Ebenen, unterirdisch, für nur achthundert Euro monatlich Grundmiete und sechshundert Euro Umlagen. Nun, wer die Verhältnisse in der großen Stadt kennt, bei dem werden jetzt schon die Alarmglocken schrillen. Da konnte doch einfach etwas nicht koscher sein, wenn man bedenkt, dass eine einfache Zweizimmerwohnung von fünfzig Quadratmetern kaum noch unter fünfhundert Euro zu haben ist.

Sven ließ sich aber nichts anmerken, war aber jetzt noch misstrauischer als zuvor. Wie gesagt, Walter präsentierte weiter voller Enthusiasmus sein neuestes Projekt, das schon in drei Monaten starten sollte und für das er schließlich einen Geschäftsführer suchte. Er konnte sich einfach niemand Geeigneteren dafür vorstellen als eben seinen lieben Freund Sven. Deshalb habe er, Walter, auch beim Abschluss des Pachtvertrags bereits dafür gesorgt, dass Sven in den Vertrag einsteigen könne. Dabei deutete er auf die handschriftlichen Zusätze die hier und da im Pachtvertrag standen und eindeutig die Handschrift von Walter Aar aufwiesen.

Sven nahm den Pachtvertrag in die Hand. Auf den ersten Blick schien alles normal. Wohlgemerkt, auf den ERSTEN Blick. Denn je mehr sich Sven in den Inhalt des Vertrags vertiefte, desto stärker wurden seine durchaus berechtigten Zweifel. Aber nach außen war ihm nichts anzumerken. Er las in aller Ruhe den Vertrag durch und fragte am Ende nur kurz, wo denn die Pläne seien. Walter verwies ihn auf die Anlage. Sven schaute ihn an und meinte nur kurz: „Das sind doch wohl keine Pläne." Walter meinte, der Makler habe die Originalpläne leider im Moment nicht zur Hand gehabt, weil die Handwerker damit arbeiten würden. Sie sollten deshalb später nachgereicht werden. Aber die Grundrisse würden ja schon einen Eindruck vermitteln, wie die Location aussehe.

Es folgte noch eine kurze Diskussion über die Ausstattung, wie sich Walter das vorgestellt hatte, wer das finanzieren sollte etc. Walter teilte mit, dass er bereits auf der Suche nach finanzkräftigen Investoren sei und bereits mehrere potenzielle Kapitalgeber angesprochen habe.

Das stimmte auch. Walter hatte sich nämlich noch etwas anderes ausgedacht. Er hatte ein höchst amtlich aussehendes Schreiben verfasst, in dem ihm von seiner Erbtante testamentarisch neunzehn Millionen Euro vermacht wurden, unter der Voraussetzung, dass er beim

Antreten des Erbes im Alter von fünfundvierzig Jahren (das war sein nächster Geburtstag) in den Hafen der Ehe eingelaufen sei. Einem potenziellen 19-Millionen-schweren Erben war man eher gewillt einige Tausend Euro an Investitionsgeldern anzuvertrauen, als einem mittellosen Schwindler, wie Walter Aar nun mal einer war. Und so waren auch schon die ersten Scheinchen in seine Tasche gewandert, haha!!

***

Ja, Walter war schon sehr rege gewesen und das Projekt machte so langsam die Runde in der Szene. Die einen oder anderen der hübschen Kerlchen hatten ihn bereits angesprochen wegen einem Job, sei es als Kellner, Garderobier, Kassierer, Barman oder sogar als Gogo-Boy. Sein Stern boomte erneut.

Aber jetzt musste er unbedingt dieses Vorhaben mit Sven unter Dach und Fach bringen. Nägel mit Köpfen machen, Tatsachen schaffen. Er hatte auch dafür einen netten Vertrag aufgesetzt, der gleich mit dem Satz begann:

„1. Über Inhalt und Art dieser Vereinbarung haben beide Vertragsparteien absolutes Stillschweigen zu bewahren."

Stillschweigen, das war gut. So konnte er sicher sein, dass der liebe blöde (doch wohl nur in seinen Augen blöde!) Sven den Mund halten würde über den Inhalt des Geschäftsführervertrags und des Pachtvertrags. Es sollte ja niemand sich seines Kartenhauses bewusst werden, denn im Moment war es gerade so schön, und ihm ging es wieder hervorragend, er blühte förmlich auf. Seine Bekannten führten das auf sein Engagement für das neue Projekt zurück. Gewissermaßen stimmte das ja sogar, nur halt doch nicht so, wie alle meinten …

Sven verhielt sich dann aber nicht, wie es Walter erwartet hatte. Er sah seinen ehemaligen besten Freund an und meinte: „Das nehm' ich mir mal mit, da will ich noch mal in Ruhe drüberschauen." Das hätte Walter fast aus dem Konzept gebracht. Aber, nur nichts anmerken lassen, sonst wittert er noch die Lunte. Ist ja normal, dass man sich informiert, bevor man etwas unterschreibt. Also, alles im grünen Bereich. Walter machte jetzt definitiv gute Miene zum bösen Spiel, machte Sven eine Fotokopie auf dem All-in-one-Drucker und händigte ihm diese aus.

Sven bedankte sich, steckte die Kopie ein und ging zu seinem neuen Zuhause. Dort hockte er sich mit seinem neuen Kumpel hin und gemeinsam lasen sie zunächst mal den Geschäftsführervertrag durch, der auf den simplen Titel „Interne Vereinbarung" lautete.

Also:

„Zwischen den beiden Vertragsparteien Walter Aar und Sven Jaan wird in Bezug auf den gemeinsamen Betrieb der Gastronomielocation Große Münchener Straße, Arbeitstitel „UpperfloorG", Folgendes vereinbart" – so weit klang das ja ziemlich banal, nichts Ungewöhnliches.

Weiter:

„ 1. Über Inhalt und Art dieser Vereinbarung haben beide Vertragsparteien absolutes Stillschweigen zu bewahren." – Auch noch nicht weiter auffällig. Es soll halt nicht jeder erfahren, was Eigentümer und Geschäftsführer untereinander vereinbaren.

„2. Betreiber des ‚UpperfloorG' ist die ‚UpperfloorG BetriebsGmbH', Gustav-Knut Straße 5, 01634 Erfurt. Deren Eigentümer ist die im State New York

(USA) ansässige Unternehmensberatung D'HiverAstoriaCynthia LLP (Geschäftsführer Walter Aar), dt. Niederlassung: Darmstädter Landstraße 281, 61527 Wiesbaden." Auf den ersten Blick scheint auch hier nichts Besonderes zu stehen. Eine GmbH als Betreiberin, deren Eigentümer eine LLP aus den USA ist. Doch bei demjenigen, der mit den Hintergründen von Walter Aar vertraut ist, macht es wieder „pling", wenn er den Namen dieser ominösen Unternehmensberatung liest: „D'Hiver" ist nämlich der Nickname von Sven in einem Online-Rollenspiel, „Astoria" heißt das Profil von Walter in einem bekannten Schwulenportal und „Cynthia" ist Svens Pseudonym in der Transvestitenszene. Und dazu noch ein Walter Aar, der nicht mal Englisch sprach, als Geschäftsführer einer amerikanischen LLP mit einem solchen völlig „unauffälligen" Namen. Nachtigall ich hör dir tapsen!

Sven und Toni konnten das jetzt nicht mehr so richtig glauben, dass es hier mit rechten Dingen zuging!

Also weiter im Text:

„3. D'HiverAstoriaCynthia LLP bringen in die BetriebsGmbH einen Betrag von 300.000 Euro aus Sponsorengeldern, Privatvermögen und anderen Einnahmen ein; D'HiverAstoriaCynthia LLP erfüllt die Einlage zu 100 %". – Da fängt's ja an zu stinken: Eine Gesellschaft, die es aller Wahrscheinlichkeit nicht gibt, soll dreihunderttausend Euro einsammeln von gutgläubigen Idioten. Na dann!

„4. Herr Jaan erhält von Herrn Aar unentgeltlich Anteile in Höhe der Sperrminorität (28 % am Unternehmen). Da Herr Jaan jedoch eine eidesstattliche Versicherung über sein Vermögen abgegeben hat und eine Lohnpfändung zu erwarten ist, bzw. noch weitere Forderungen offen stehen, die ins Vermögen der Gesellschaft vollstreckt werden würden, wird Herr Jaan offiziell in der Gesellschafterversammlung so gestellt, als sei er nicht am Unternehmen beteiligt, übe aber das Stimmrecht vergleichsweise in Höhe der 28 % aus." Oha! Das war also der erste richtige Klops! Da wird also unser Sven schwarz auf weiß aufgefordert zum Betrug! Er würde sich also mit einer Unterschrift unter diesen Vertrag vollständig Walter Aar ausliefern, der ihm jederzeit damit drohen konnte, diese Mauschelei auffliegen zu lassen. Sauber!

„5. Herr Jaan wird darüber hinaus als alleine vertretungsberechtigter Geschäftsführer des „UpperfloorG" bestellt und erhält ein Gehalt i.H. von 1755.- Euro brutto pro Monat. Bei evtl. Pfändung führt die GmbH die Differenz zwischen Nettogehalt und Pfändungsfreibetrag an den Gläubiger ab." – Mit anderen Worten, Sven würde sich dumm und dämlich schuften für knappe tausend Euro netto. Wer soll denn davon die Miete und den Lebensunterhalt bezahlen! Und sein Schuldenberg würde mit dieser Regelung auch nicht kleiner!

„6. Herr Aar wird als alleine vertretungsberechtigter Geschäftsführer der deutschen Niederlassung von D'HiverAstoriaCynthia LLP bestellt und erhält ein Gehalt i.H. von 1755.- Euro brutto pro Monat. Bei evtl. Pfändung führt die GmbH die Differenz zwischen Nettogehalt und Pfändungsfreibetrag an den Gläubiger ab. Herr Aar vertritt die Interessen von D'HiverAstoriaCynthia LLP in der Gesellschafterversammlung." – Ach neee! Also Sven soll schuften und Walter wird das gleiche Geld fürs Zukucken kassieren! Da liegt also der Hase im Pfeffer!

„7. Herr Aar verpflichtet sich unwiderruflich, die Leitung des „UpperfloorG" nach außen hin (gegenüber der Öffentlichkeit, Personal etc.) sowie die Abwicklung des Tagesgeschäfts ausschließlich Herrn Jaan zu überlassen und ggf. nur über seine Tätigkeit als Geschäftsführer von D'HiverAstoriaCynthia in der Gesellschafterversammlung Einfluss zu nehmen, es sei denn, Gefahr ist im Verzug." – Und jetzt steht es noch deutlicher da: Sven soll schaffen und Walter wird sein Geld im Schlaf verdienen. Ausbeutung pur, unter dem Deckmäntelchen eines „tollen Angebots"! So ein Fiesling! Aber es kommt noch besser!

„8. Herr Jaan verpflichtet sich unwiderruflich, Herrn Aar zu jeder Zeit uneingeschränkten Zutritt zu sämtlichen Liegenschaften und Räumlichkeiten des „UpperfloorG" zu gewähren. Nach außen hin agiert Herr Aar als Gast. Auf seiner persönlichen Chipkarte (die in ähnlicher Form jeder Gast als Eintrittskarte erhält und auf der elektronisch sämtliche Umsätze gespeichert werden), erhält Herr Aar eine komplette Umsatzfreigabe für sämtliche von ihm getätigten Umsätze inkl. Eintritt für Herrn Aar plus maximal drei Begleitpersonen. Technisch wird hier jeglicher Umsatz automatisch als „bezahlt" gekennzeichnet. Die Karte verbleibt im Besitz von Herrn Aar und ist bei Verlust zu sperren und umgehend neu auszustellen. Herr Jaan verpflichtet sich ebenfalls unwiderruflich, Herrn Aar auch bei Differenzen kein Hausverbot für Räumlichkeiten und Liegenschaften des „UpperfloorG" auszusprechen, sowie dafür Sorge zu tragen, dass Herr Aar sich jederzeit im „UpperfloorG" aufhalten kann. Wie von Herrn Jaan versprochen, erhält Herr Aar darüber hinaus einen reservierten Platz an der Bar." – OHNE WORTE! Walter wird also dann demnächst im UpperfloorG wohnen, zu Lasten von Sven, versteht sich, denn dieser muss ja die

Ausschweifungen von Walter dann aus der Geschäftskasse bezahlen. Nicht nur, dass Walter nichts arbeiten will für sein Geld, nein, er lässt sich dann auch noch aushalten, und das sogar vertraglich! Dieser Mensch hat doch wirklich überhaupt kein Schamgefühl. Dass man es wagen kann, so eine Unverschämtheit schriftlich in Worte zu fassen! Sven kochte inzwischen. Am liebsten würde er den Wisch in kleine Schnippsel reißen, aber das wäre wirklich sehr ungeschickt. Nein, da musste ihm doch noch etwas Besseres einfallen!

„9. Personelle Angelegenheiten werden von Herrn Jaan gemeinschaftlich mit einer noch zu wählenden Person des gemeinsamen Vertrauens (Einstellungsvertrag als Personalleiter/Revisor) geregelt und abgewickelt." Das war wohl der normalste Absatz in dieser „Vereinbarung".

„10. Beide Parteien sind sich darüber im Klaren, dass das „UpperfloorG" konzeptionell keine Tätigkeit von Mitarbeitern und Geschäftsführung als Escort bzw. im Bereich der Prostitution und als Pornodarsteller zulässt. Frühere Tätigkeiten werden geduldet, sofern der Mitarbeiter versichert, für die Dauer seiner Beschäftigung die Tätigkeit niederzulegen." – Und was sollte nun das? Das ging doch wohl Walter überhaupt nichts an. Und war sicherlich am Rande von „unzulässig und sittenwidrig".

„11. Eventuelle Überschüsse der „UpperfloorG"-Betriebsgesellschaft werden zu gleichen Teilen an D'HiverAstoriaCynthia LLP sowie an Sven Jaan und Walter Aar (jeweils zu 33 %) ausgeschüttet." – Da ging Walter wohl nicht wirklich davon aus, dass es einen Überschuss geben würde.

Es folgten noch die üblichen Formalien, Ort, Datum und Unterschriften.

Sven war nur froh, dass er sich nicht hatte einlullen lassen. So einen Wisch konnte doch kein normaler Mensch unterschreiben, das war doch eine Zumutung, eine bodenlose Unverschämtheit.

***

Doch das war noch längst nicht alles. Auch der Pachtvertrag war der Hammer, doch ganz anders als die „Vereinbarung".

Als ihr Freund Pitt die beiden besuchte, beschlossen alle drei, sich mal die Räumlichkeiten anzusehen. Sie wollten wenigstens wissen, wie die Location aussah und wo sie genau lag. Falls es trotz allem ein Superschnäppchen sein sollte, könnte Sven immer noch mit Walter bezüglich dieser „Vereinbarung" verhandeln. Aber er wollte wenigstens wissen, ob sich diese Mühe dann auch lohnen würde.

Mit dem Auto fuhren sie zunächst an die angegebene Adresse des UpperfloorG: Große Münchener Straße 14-22. Dort angekommen staunten sie nicht schlecht. An der angegebenen Adresse klaffte nämlich ein riesiges Loch! Dort wurden gerade die Fundamente für ein neues Einkaufszentrum ausgeschachtet. Aber nicht genug! Die Nummern 14-22 umfassten nicht nur das gesamte Bauloch sondern sie gingen auch noch unter zwei Straßen durch und umfassten noch zwei weitere Wohnblocks. Insgesamt hätte dann die Location eine Länge von zirka sechshundert Metern, und das Ganze noch auf zwei Ebenen, das macht bei eintausendachthundert Quadratmetern eine Breite von anderthalb Meter, was dann wohl eher für einen Teilchenbeschleuniger oder einen Schießstand geeignet

wäre, als für eine Diskothek. Nun, es hieß ja „unterirdisch", vielleicht handelte es sich ja auch um die U-
Bahn-Haltestelle, die sich ganz in der Nähe, unterirdisch, befand … Aber die örtlichen Verkehrsbetriebe
würden sich wundern, wenn ihr Bahnsteig zur Diskothek umfunktioniert würde.

Das war wirklich der größte Hammer! Es gab also
überhaupt keine Location, null, nada! Ein reines, sauberes Luftschloss, das nur in Walters Fantasie existierte.
Bedenklich … Seeeehr bedenklich!

In dieser etwas merkwürdigen Stimmung machten
sich dann die Drei auf zur nächsten Adresse: Mununzi-
aner Landstraße 22-28. Dort sollte sich die ominöse Im-
mobiliengesellschaft befinden, die diesen Pachtvertrag
mit Walter Aar abgeschlossen hatte. Ist es noch ver-
wunderlich, dass es diese Adresse auch nicht gab? Aber
auch ganz und gar nicht! Weil die Straße die Besonder-
heit hat, dass es zwischen 18 und 36 keine Hausnum-
mern gibt. Ein Relikt der Städteentwicklung.

Es blieb jetzt nur noch eine Adresse, die sie über-
prüfen wollten, eigentlich bereits völlig desillusioniert,
aber man wollte gewissenhaft sein. Sie fuhren also
weiter in die Darmstädter Landstraße 281. Bei Nummer
277 fing jedoch der Wald an. 281 war eine Jagdhütte
mitten in der Pampa auf einem unbefestigten Waldweg.
Von einer D'HiverAstoriaCynthia LLP an der besagten
Adresse keine Spur.

Fazit: drei Adressen, drei Fakes. Keine Location.
Nur der Mann, der den Pachtvertrag unterschrieben haben sollte, konnte ausfindig gemacht werden. Leider
wusste der Gute nichts von seinem Glück, diesen tollen
Pachtvertrag unterschrieben gehabt zu haben. Das Pro-

jekt „UpperfloorG" war damit für Sven endgültig gestorben, und Walter Aar auch.

***

Es waren nur noch wenige Tage bis Weihnachten. Sven feierte mit seinen neuen Kumpeln und beschloss Walter Aar vollends aus seinem Leben zu streichen. Aber das wollte er ihm selber sagen, zu einer ganz bestimmten Gelegenheit.

Am Silvesterabend fuhr Sven zur Wohnung von Walter mit seinen neuen Freunden, klingelte kurz und wartete, bis Walter öffnete. Dann nahm er den sorgfältig gefalteten Vertrag, der einen braunen Streifen aufwies, und gab ihn Walter: „Dieses Teil taugt noch nicht mal zum Arschabwischen, wie du siehst. Du Fake-Arsch, rutsch mir doch den Buckel runter." Damit drehte er sich um und überließ den völlig perplexen Walter Aar sich selbst und seinem besonders verzierten Vertrag.

***

Auf diesen Frust musste Walter raus. Er ging in die Stadt, um unter Menschen zu sein. In seiner Stammkneipe gab es ein kaltes Buffet, an dem er sich dann die Wampe vollstopfte für eine freiwillige Spende. Dass die nicht besonders hoch ausfiel, versteht sich ja von selbst. Walter fühlte sich aber besser danach und ging dann in die Fußgängerzone, um dort das Silvesterfeuerwerk zu bewundern.

Punkt Mitternacht, als die Glocken anfingen zu läuten und die ersten Raketen gen Himmel krachten, erschien plötzlich die dunkle Gestalt der Finsternis vor Walter Aar. „Ich bin gekommen zu holen, was du mir geben wolltest!" – Walter war erschrocken, daran hatte er jetzt überhaupt nicht mehr gedacht. „Ich bin bereit!", flüsterte er (obwohl das natürlich nicht stimmte). Mehr als ein bisschen mulmig war ihm ja schon, angesichts dieser furchteinflößenden Erscheinung. Brav tappte er aber hinter ihm her. Immerhin hatte man ihm ja versprochen, er könne noch weiterleben und später eines normalen Todes sterben. Das Übrige kennt man ja aus der Literatur, dachte er sich. Er würde jetzt seine Seele verlieren, und das wars. Was sollte er auch damit, denn nach dem Tod war ja eh alles vorbei. In seinen Augen ein sehr geringer Preis für die Annehmlichkeiten der letzten Jahre.

Sie gingen schließlich in eine alte zerfallene Kirche, umgeben von einem uralten, düsteren Friedhof, in der sich einige noch düsterere Gestalten versammelt hatten, die im gespenstischen Lichte zahlreicher Kerzen einen Singsang ständig wiederholten, und anscheinend schon auf sie gewartet hatten.

Walter wurde zum Altar geführt und dort an Händen und Füßen festgebunden, seine Beine weit gespreizt. Ein Vermummter trat mit einem riesigen Messer auf ihn zu und ihm blieb vor Schreck schon fast der Atem stehen. Doch mit einem lauten „Ritsch-Ratsch" gingen seine sämtlichen Kleidungsstücke den Gang alles Irdischen und Walter lag splitternackig auf dem kalten Steinaltar. Brrrr, ihm war kalt! Warum musste dieser „Seelenscheiß" auch so lange dauern, in dieser Eiseskälte! Schließlich hatten wir ja den ersten Januar.

Doch die Anhänger dieses ominösen Kultes ließen sich nicht aus der Ruhe bringen und trällerten weiterhin ihre eintönigen Melodeien. Walter war fast am Einschlafen, wenn nur diese Kälte nicht wär!

Schließlich trat endlich dieses Schreckgespenst, das ihn heute abgeholt und früher geworben hatte, wieder in die Mitte seiner Anhängerschar, die ihn mit einem ehrfürchtigen „Meister" begrüßte. Der Meister trug nun eine Art Messgewand und einige Utensilien in der Hand. Walter hätte nie gedacht, dass man die Seele auf solch eine schnöde Art herausschneiden kann! Nichtsdestotrotz stellte sich der Meister jetzt zwischen seine gespreizten Beine, und Walter wurde es bei dem Anblick eines bestimmten Glieds des Meisters ganz heiß und kalt. Wow! Welch ein Teil! Und sein Willi antwortete seinem Freund sofort mit einer heftigen Ständerbewegung. Der Meister hatte ein unergründliches, aber auch fieses Grinsen im Gesicht, rezitierte noch einige Verse dieses Rituals, packte den strammen Willi von Walter und zog kräftig daran. Was wird das denn jetzt! Irritiert blickte Walter in die Augen des Meisters. Dieser hatte plötzlich ein kleines gebogenes Messer in der einen Hand, eine blitzschnelle Bewegung und in der anderen hielt er der johlenden Menge den abgetrennten Willi, der langsam wieder in sich zusammenschrumpelte, entgegen.

Erst jetzt spürte Walter, der vor Entsetzen und Erstaunen völlig gelähmt war, einen fürchterlichen Schmerz und fing an wie ein Verrückter zu schreien. Doch alles war vergebens. Willi ade! Doch nicht genug. Nachdem der Meister den wieder in sich zusammengefallenen Willi in eine Schale gelegt hatte, griff er nochmals zwischen Walters Beine und zog kräftig an den kleinen Kugeln im Sack. Auch dieser wurde mit einem einzigen Schnitt vom Rest des hysterisch kreischenden Walter Aars abgetrennt. Nullo! Nix mehr da! Er war kein Mann mehr, er war jetzt ein Eunuch.

Unter Tränen und schluchzen, während ein Assistent die Wunden fachmännisch versorgte, und der Meister und seine Anhänger die gegrillten und in kleine

Stückchen zerteilten Delikatessen verspeisten, fragte Walter: „Warum?" – „Nun, du warst doch damit einverstanden, mir, nach zwei Jahren Erfolg, das Beste an dir zu geben." – „Aber, ich dachte, das sei meine Seele. Sonst holt der Teufel in einem Pakt doch immer die Seele!" Der Meister kuckte ihn mitleidig lächelnd an: „Wer behauptet denn, dass du eine Seele hast!"

**

Nachdem Walter versorgt worden war, brachten ihn die Vermummten wieder in das Neujahrsgetümmel in die große Stadt zurück. Einige Feierer fanden ihn auf einer Bank in sich zusammengekauert und wegen seines erschreckenden Anblicks alarmierten sie einen Krankenwagen. Walter wurde in eine Klinik eingeliefert und musste mehrere Monate in einer Psychiatrie behandelt werden, um den Verlust seiner Männlichkeit zu verkraften. Der Polizei konnte er keine Angaben machen über die Person, die ihm das angetan hatte. Er brabbelte immer nur etwas von einem Teufel und einem Vertrag.

Schließlich wurde er dann doch eines Tages entlassen und musste wieder unter die Menschen. Aber er hatte sich verändert. Durch das fehlende Hormon war sein Körper noch dicker und wabbeliger geworden, auch sein Gesicht war aufgedunsen, seine neue Fistelstimme fiepste piepsig vor sich hin, wenn er etwas sagen wollte und jeder konnte nun sehen und hören, dass er ein Eunuch war. Er durfte weiter leben, wie es ihm der Meister versprochen hatte, doch was war das für ein Leben, für einen schwulen ehemals aktiven Mann!

2008. X. 2.

Internetlove – Fake

Walters Beliebtheitsgrad war mal wieder auf den absoluten Nullpunkt gesunken. Niemand mochte ihn, niemand liebte ihn. Die Welt war böse und er allein. Er suhlte sich in Selbstmitleid und suchte Trost in seinem geliebten Internet. Hier war er Mensch, hier konnte er es sein. In den zurzeit beliebtesten Gayportalen Gaymoreo, Gayloyal und Gaycat legte er sich neue fetzige Profile an. Alles Fakes, aber das versteht sich ja von selbst, denn wer wollte schon einen Mittvierziger mit Glatze, zweihundertdreißig Kilo und nur mäßig ausgeprägten männlichen Attributen haben.

Deshalb war er auf seinen Profilen mal gleich fast zwanzig Jahre jünger, wog nur achtzig Kilo bei einem Meter achtundneunzig Körpergröße, hatte dunkles, lokkiges Haar und war von Beruf Model und Pornodarsteller. Seine Männlichkeit lag natürlich im XXL-Bereich und ebenso selbstverständlich war er aktiv. (Dass Walter zwar wollte, aber schon lange nicht mehr konnte, das stand hier auf einem ganz anderen Blatt.) Als Profilbild hatte er von amerikanischen Gay-Galerien die Bilder von hübschen Kerlen heruntergeladen, die nun sein eigenes darstellen sollten. Außerdem stellte er die Funktion „Suche" auf „Sex", das garantierte immer schnelle und zahlreiche Zuschriften., so wie sich das gehört. Seine Profile hatten klangvolle Namen, wie „Walldorf-Astoria" (die gleichen Initialen wie Walter Aar und sehr klang- und stilvoll), „MrBlowjob", „MrGay-Dom", „DevilHustler" und ähnliche.

***

Kaum hatte er sein neues Profil „Walldorf-Astoria" bei Gaymoreo hochgeladen, da meldete sich auch schon jemand mit dem klangvollen Namen „Guy de Maupassant". Ein absoluter Hingucker: jung, Model, Hobby-schriftsteller im Fanfiction-Bereich, ein Glückstreffer.

Walter jubilierte innerlich und antwortete auf die Message. Im Laufe des Vormittags entwickelte sich zwischen den beiden Chatprofilen ein reger Austausch von weiteren Messages. Man stellte sich in dem besten Licht dar und komplimentierte dem Gegenüber ebenfalls in den höchsten Tönen. Und nach weiteren fünf Stunden war es dann soweit, dass man die Telefonnummern austauschte, denn man verstand sich ja soooo gut, hatte soooo viel gemeinsam etc., etc. Der einzige Wermutstropfen: „Guy de Maupassant" war leider nicht in Deutschland, sondern in den USA! Als Austausch-Student besuchte er für ein Semester die Universität von San Francisco.

Walter konnte sein Glück kaum fassen, das war ja schon fast so, wie in der guten alten Asbach-Werbung. Er triumphierte. Das Internet war doch die beste Sache der Welt. Er hatte jetzt einen Freund, einen Lover, jemand, der ihn liebte, und den er über alles liebte. Er war zwar im Moment noch ein bisschen weit weg, aber nach einem Semester würde er wieder nach Deutschland kommen, und bis dahin hatte man ja auch Zeit sich näher kennen zu lernen.

Dass sein Chatpartner in erster Linie Walters Fake-Profil mochte, und dass er, Walter, ebenfalls vom Profil seines Gegenübers ausging, das erschien in diesem Augenblick eine völlige Nebensächlichkeit zu sein, eine Bagatelle, mit der man sich nicht befassen wollte.

Walter war so glücklich, dass er seine Bekanntschaft gleich in den USA anrief, über eine Handynummer. Über die Kosten wollte er sich im Moment keine Gedanken machen. Der junge Mann, der ihm antwortete, hatte eine sehr angenehme Stimme, von der er sich gerne verzaubern ließ. Sie redeten etwa eine Viertelstunde miteinander, dann musste sein neuer Freund zur Uni, denn in Kalifornien war ja erst früher Nachmittag.

Keine Spur mehr von der Trübseligkeit, in der Walter noch vor wenigen Stunden schwelgte, sie war verflogen und einer allgemeinen Euphorie gewichen. In zig Emails und SMSen teilte Walter seinem Bekanntenkreis sein neues Glück mit. Die Welt war wieder in Ordnung, dank dem Internet.

***

In den folgenden Tagen ging das dann so weiter. Wann immer Walter und Guy Zeit hatten, verbrachten sie diese gemeinsam im Chat. Nur, als Guy Walter vorschlug, doch in einen Cam-Chat zu gehen, musste Walter schnell einige Ausflüchte erfinden, denn das wollte er im Moment ja noch nicht so unbedingt … Vor allem, wie sollte er seinem neuen Freund erklären, dass das schöne Profil nur ein Fake war, und dass er, Walter, wohl das genaue Gegenteil von dem war, was er im Profil beschrieben hatte. Gott sei Dank stellte Guy aber nicht zu viele Fragen und bestand auch nicht auf dem Cam-Chat. So blieb es denn bei den normalen Chats und den täglichen Telefonaten, mittlerweile auch über das Internet, weil das je wesentlich billiger war.

Guy schickte Walter auch einige seiner Texte, weil Walter ihm versprochen hatte, ihn zu promoten und ganz groß herauszubringen. In den diversen Anime-Manga-Foren und Yahoo-Groups sollten Guys Texte jetzt vorgestellt und kommentiert werden. Einige sollten auch ins Englische übersetzt werden, aber das sollte dann ein Bekannter von Walter übernehmen.

Walter widmete sich voll und ganz seiner neuen großen Liebe und vernachlässigte dabei sogar seine eigene Arbeit und die wenigen Freunde, die ihm noch geblieben waren. Guy war sein Ein und Alles, der einzige Mensch in seinem Leben, der wirklich zählte, und wann immer er jemanden anrief, dann ging es nur noch „Guy hat hier" und „Guy hat da", „Guy", „Guy", „Guy", immer nur „Guy". Das nervte natürlich die anderen Menschen in seinem Umfeld, die sich folglich noch mehr von ihm distanzierten.

Bald lebte Walter, ohne es zu merken, nur noch in seiner Scheinwelt mit Guy. Denn, er hatte Guy ja immer noch nicht gebeichtet, dass er weder achtundzwanzig war, noch nur achtzig Kilo wog, noch ein XXL-aktiver Pornodarsteller war, sondern nur ein alternder, ziemlich korpulenter Mittvierziger mit Platte, der von Hartz IV lebte. Also alles andere, als der Traummann für den er sich online und am Telefon ausgab. Auf Dauer konnte das sicherlich nicht gut gehen, aber Walter wollte dieses Damokles-Schwert, das über ihnen schwebte, zumindest im Augenblick ignorieren.

***

Die Zeit verging wie im Fluge, und bald würde Guy sein Auslandssemester beenden und wieder nach Deutschland kommen. Walter verdrängte dieses Ereignis. Er konnte und wollte nicht wahrhaben, dass er bald Farbe bekennen musste, und er wollte sich den Konsequenzen auch nicht stellen, denn es war sehr fraglich, dass Guy ihn noch so mögen würde, wenn er einmal wusste, dass Walter eben das war, was er nun mal war: ein alter, fetter Fast-Eunuch.

Der Tag X rückte immer näher. Schließlich war es so weit und Guy landete wieder in Deutschland. Er hatte seine Wohnung in Düsseldorf nicht aufgegeben und konnte also gleich wieder dort einziehen, wo er vor einem halben Jahr ausgezogen war. Es dauerte einige Wochen, bis sich wieder alles stabilisiert hatte.

Da das Semester wieder anfing und Guy zahlreiche Scheine nachzuholen hatte, war er voll in sein Studium eingebunden. Außerdem sollte er für eine Convention mehrere Gundam-Wings-, Berserk und Bastard-Fanfictions schreiben. An ein Treffen war also im Moment nicht zu denken. Guy entschuldigte sich vielmals bei Walter, doch diesem war das natürlich gerade recht. So konnte er weiterhin seine Lügen leben.

Es dauerte wieder einige Monate, und dann wollte Walter es einfach wissen. Er wollte seinen Freund in Fleisch und Blut sehen, ihn in seine Arme schließen, ihn küssen und vielleicht sogar mal mit ihm Sex haben. So beschloss er, spontan nach Düsseldorf zu fahren. Dort angekommen rief er Guy an und sagte nur:

„Hallo Guy, ich bin da!"

„Was heißt, ich bin da?"

„Nun, ich bin in Düsseldorf und wollte dich besuchen. Leider konnte ich deine Wohnung nicht finden."

Das stimmte, an der angegebenen Adresse in der Pfalzstraße wohnte kein Guy Mayer.

„Stimmt, ich bin ja vor zwei Wochen umgezogen. Wollen wir uns im Café Müllrich auf der Kö treffen, so in ca. einer Stunde?"

„OK, ich werde dich ja erkennen, hab ja dein Bild!"

„Gut, und ich dich auch!"

Walter freute sich, endlich würde er seine große Liebe treffen, diesen hübschen Adonis, dem er mit Haut und Haar und der ihm ebenfalls mit Haut und Haar verfallen war. Walter ließ sich an einem kleinen runden Marmortisch im Café Müllrich nieder, bestellte eine heiße Schokolade und ein Stück Käsesahnetorte und wartete. Im Café gab es noch mehrere Leute, jüngere und ältere. Ein Pärchen turtelte unbeschwert, zwei ältere Damen unterhielten sich über die letzte Hutmode, ein Großstadtyuppie blätterte in der FAZ, zwei Teenies gackerten vor sich hin, während sie sich die letzten Stories über ihre Beziehungen erzählten und ein dicker Mann, so Anfang dreißig, mit runder Nickelbrille, zahlreichen Pickeln im Gesicht und Stiernacken schien auf jemanden zu warten. Kein Guy weit und breit.

Walter war sehr enttäuscht, dabei hatte er sich so darauf gefreut, endlich seinen hübschen Freund kennen zu lernen. Nachdem er seine Käsesahne und noch ein Stück Schwarzwälderkirsch verdrückt und sein Kännchen heiße Schokolade mit Sahne getrunken hatte, griff er zu seinem Handy und wählte nochmals Guys Nummer.

Er bemerkte, wie der eklige Pickeltyp sein Handy zückte.

„Hallo, hier ist Walter. Und, kannst du nicht kommen? Ich warte auf dich."

„Aber ich bin doch da und warte auch auf dich."

Walter sah, dass der Pickeltyp ganz aufgeregt in sein Handy sprach und sich hektisch umblickte. Schnell versteckte er sein Handy. Das durfte doch wohl nicht wahr sein! Dieser hässliche, pickelvernarbte, ungepflegte, fette Kerl sollte sein hübscher Guy sein! Das war ja der reinste Albtraum!

„Ich bin im Café Müller, das war doch da, wo wir uns verabredet haben, in dieser Passage an der Kö."

„Nein, ich sagte ‚Müllrich', nicht ‚Müller'! Deshalb habe ich dich auch nicht gesehen."

„Schade, mein Zug fährt leider schon in fünfundvierzig Minuten. Muss jetzt wieder in den Süden fahren. Dann sehen wir uns nächstes Mal, abgemacht?"

„Schade, wirklich! Ich hatte mich so gefreut, deine Überraschung wär dir ja fast gelungen!"

„Also, bis denne!"

„Tschüss!"

Walter war wie vom Donner gerührt und wollte nur noch weg! So eine Totalpleite! So ein Mist! An diesen Kerl hatte er jetzt anderthalb Jahre seiner Zeit vergeudet! An dieses Ding hatte er seine Liebe, seine Aufmerksamkeit und sein Geld verschwendet! Walter winkte die Kellnerin heran, zahlte, erhob sich und ging nach draußen. Dort stieg er in den nächsten Bus zum Bahnhof und von dort in den nächsten ICE, der wieder in seine Heimat fuhr.

***

Walter meldete sich nie wieder bei Guy, und der wunderte sich sehr, warum sein Freund auf einmal nichts mehr von ihm wissen wollte.

Nun, irgendwie war es ja ausgleichende Gerechtigkeit und man könnte sagen: Jedem Faker, sein Fake!

Walter Aars Lehr- und Wanderjahre

In seiner Jugend war Walter ein schnuckeliges Kerlchen: mit seinen eins achtundneunzig und neunzig Kilo, einem durch und durch trainierten, sonnengebräunten Body mit ausgeprägtem Sixpack, seinen schwarzen, kurzen, leicht gewellten Haaren, dem schwarzen Schnauzer, den stechend blauen Augen und der Lässigkeit eines Mannes, der weiß, dass Frauen und Männer auf ihn fliegen. Walter besuchte damals die Uni in einer großen Stadt an einem Fluss. Er studierte Jura. Sein äußeres Erscheinungsbild war ihm extrem wichtig, und er tat auch sehr viel, um es in Bestform zu halten. Zweimal die Woche joggte er fünfzehn Kilometer den Fluss entlang auf der Uferpromenade, ging ins Karatetraining und spielte mit Begeisterung Fußball. Der Erfolg blieb auch nicht aus.

Abends in der Disco war er der absolute King. Wenn er kurz vor Mitternacht durch die Tür seiner Stammdisco „Schiff" (oder „Bachera" wie sie im Jargon der „Kameltreiber", seiner arabischen Kumpel, hieß) trat, raunte es durch die Menge „Walter kommt" und bewundernde Blicke folgten jeder seiner Bewegungen. Er mochte das, absolut, dieses Gefühl in der ungeteilten Aufmerksamkeit der Menge, die ihn praktisch vergötterte, zu schwelgen.

Langsam schritt er Richtung Stammtisch. Küsschen rechts, Küsschen links, ein Klatsch auf einen prallen Hintern, ein Grabschen nach einem strammen Busen. Am Stammtisch bei seiner Clique angekommen, brachte ihm der Kellner schon unaufgefordert das „Übliche", ein Pils und ein Korn. Nicht gerade hoch edel, aber für mehr langte es im Moment nicht. Denn hier hatten wir Walters großes Problem: Er hatte kein Geld! Er stammte aus einer eher unterbemittelten Einwandererfamilie, sein Vater verdiente den Lebensunterhalt der achtköpfigen Familie als Koch in einer Auslandsvertretung und konnte es sich nicht leisten, auch noch Walter zu finanzieren. Dieser musste also für sich selber sorgen, das hieß mit dem knappen BAföG auskommen und nebenbei jobben.

Doch damit hatte es Walter nicht so. Während des Semesters hatte er wirklich andere Dinge zu tun, nämlich in erster Linie das „Frischfleisch" durchzunageln und sich die Nächte um die Ohren zu schlagen. Nur in den Semesterferien, wenn eh nichts los war, suchte er sich wie alle anderen einen Ferienjob am Fließband der nahe gelegenen Automobilindustrie, um sein leeres Säckel wenigstens zum Teil wieder ein bisschen zu füllen. Er hatte Glück, dass er in einem der Studentenwohnheime untergekommen war, und nach anfänglichem Dreibettzimmer hatte er sich inzwischen in ein Einzelzimmer hochgedient. Es geht doch nichts über ein gutes Verhältnis zur oder besser mit der Wohnheimsekretärin!

***

In seinem dritten Studienjahr lernte Walter ein interessantes Mädel kennen. Sie war weder sonderlich hübsch noch hässlich, aber sie war intelligent, sie hatte ein eigenes großes Zimmer, ein Auto und sie hatte Geld, denn ihr Vater war Vorstandsvorsitzender eines großen Bankenkonzerns. Das hatte Walter alles sehr schnell herausgefunden, als er merkte, dass der Schmuck, den die Kleine abends in der Disco trug, echt war, und nicht der übliche Tand, den sich die Girls umhängten. Das war doch gerade das Richtige für ihn! Eine hervorragende Partie!

***

Geschickt fing er an, um die Kleine zu werben. Er beobachtete, wie sie mit ihrem damaligen Lover, der sie wohl auch mal bedrohte, Probleme hatte, und bot sich an als Retter in der Not. Natürlich verknallte sich da die unschuldige Kleine in ihren Ritter in der goldenen Rüstung, der sie vor ihrem Peiniger rettete und sich noch um sie bemühte. Nach nur wenigen Wochen war der Deal gelaufen, die Kleine ihm vollkommen hörig.

Dazu hatte er einen perfekten Trick, der aus einer Not eine Tugend machte: Walter erzählte nämlich den Mädels, dass er an einer Krankheit leide und deshalb „nicht könne" (was leider auch stimmte! Er schaffte, wie man so schön sagt, „den Transport nicht", Ejaculatio praecox). Aber keine Frau konnte dem widerstehen! Jede wollte ihm daraufhin beweisen, dass er sich das doch wohl sicherlich nur einbilde, und dass sie ihm zeigen würde, wie man diese „Krankheit" heilen könne. So konnte er sich wirklich nicht über mangelnde weibliche Zuwendung beklagen, und vor allem, die Mädels waren bereit alle Spielchen, die ihn interessierten, mitzumachen. Denn Fakt war, er mochte eigentlich lieber Jungs, und er mochte auch lieber einen knackigen Hintern als eine eklige, klebrige Lustgrotte beackern. Doch sich in den Siebzigern als schwul zu outen…. no way!

***

Auch seine neue Eroberung ließ sich mit dieser Masche umgarnen und war schon bald bereit, alles, wirklich alles Menschenmögliche für Walter zu tun: Sie kochte für ihn, putzte für ihn, schrieb seine Notizen an der Uni für ihn mit, besorgte ihm alle Bücher in der Bibliothek und in der Fernleihe, sie schrieb seine Referate, seine Diplomarbeit und besorgte ihm schließlich sogar vorab die Texte für seine Abschlussprüfung, so dass er diese beim dritten Anlauf schließlich mit Ach und Krach doch noch schaffte.

Obwohl es viel später als Walter angefangen hatte zu studieren, war das Mädel bereits einige Semester vor ihm mit der Prüfung fertig. Da die Kleine aber Walter liebte und ihn auch eigentlich heiraten wollte, konnte sie ihn nach der bestandenen Abschlussprüfung nicht verlassen. Sie blieb also dort, fing an zu arbeiten, vor allem auf Messen, und sie verdiente auch nicht schlecht. Sie hatte dabei nur ein kleines Problem. Ihr Vater, der Vorstandsvorsitzende des Bankenkonsortiums, hatte ihr untersagt, ein Konto bei einer „fremden" Bank zu eröffnen. Leider gab es aber in der Nähe ihrer Wohnung keine Filiale der Bank ihres Vaters, und jedes Mal zig Kilometer zu fahren, um Geld abzuheben, das war ihr einfach zu umständlich.

Wieder war Walter ihr Retter in der Not. Er bot ihr an, sich ihr Geld von der Messearbeit doch auf sein Konto überweisen zu lassen, und er würde es ihr dann selbstverständlich gleich geben. Dankbar nahm das naive Unschuldslamm dieses Angebot an. Sie ackerte weiterhin landauf- und landabwärts auf sämtlichen Messen und verdiente sich so in relativ kurzer Zeit ein stattliches Sümmchen. Da sie ständig unterwegs war, und zwischendurch noch mit Walters Haushaltsführung beschäftigt war, brauchte sie nicht sonderlich viel Geld und Walter brauchte ihr von dem reichlich sprudelnden Geldquell nur einen geringen Anteil zurückzugeben, den Rest verprasste er selbst, während seine Freundin wieder woanders zum Arbeiten unterwegs war. Er achtete strikt darauf, dass keine Kontoauszüge in seiner Wohnung herumlagen, damit die Kleine ja nur nicht den aktuellen Stand seines Kontos einsehen konnte. Er hatte sie gut erzogen. Sie stöberte nicht in seinen Sachen, sondern respektierte seine Intimsphäre. Sie musste ja auch nicht alles wissen, was er sonst noch so trieb. Zum Beispiel, dass es da noch immer seine „Stammfreundin" gab, die in einer anderen Stadt lebte und zu der er zwei- oder dreimal im Jahr hinfuhr, wenn er seine Familie besuchte, und die vier oder fünf anderen Mädels, mit denen er sich inzwischen des Nachts auf seinen Kneipentouren schmückte, während seine „Du bist nichts und müsstest alles sein"-Freundin sich redlich darum bemühte, ihm ein angenehmes Leben zu gestalten.

***

Doch eines Tages kam, was einfach kommen musste: Seine „Stammfreundin" hatte unverhofft einige Tage frei und wollte ihn überraschen. Sie fuhr also mit ihrem neuen kleinen Wagen zu Walter Aar. Dieser war sehr überrascht, aber sicherlich nicht freudig! Denn er musste seiner Stammfreundin nun erklären, was die ganzen Damensachen in seiner Wohnung zu suchen hatten, und seiner Kleinen musste er die Existenz seiner „Stammfreundin" erklären. Während Letztere absolutes Vertrauen in ihn hatte und ihm sogar geglaubt hätte, wenn er ihr erklärt hätte, dass der Mond grün und das Meer rot seien, nahm die Kleine ihm seine Erklärungsansätze nicht ab. Aber, sie ließ sich nichts anmerken. Sie hatte inzwischen nämlich auch schon gerafft, dass Walter mit der Rückzahlung ihres Geldes, das auf seinem Konto gelandet war, mehr als nur zögerlich umging. Lange Rede kurzer Sinn: Sie hatte Walter durchschaut und fing an nach Rache zu sinnen. Nach außen hin blieb alles beim Alten. Nur hatte sie sich trotz des Verbots ihres Vaters jetzt doch ein eigenes Konto bei einer nahegelegenen Bank eröffnet und alles weitere Geld floss von nun an auf dieses Konto, so dass Walters

Schuldenberg bei ihr zumindest nicht weiter anwachsen konnte.

Sie stellte ihn weiter auf die Probe, bat ihn immer wieder um kleinere Beträge wegen dringender Anschaffungen, doch Walter hatte immer tausend Ursachen, warum er ihr „gerade im Moment" das Geld leider nicht zurückzahlen konnte: Mal war sein BAföG noch nicht da (das er aber schon längst nicht mehr bekam, weil er die finanzierte maximale Studienzeit schon um einige Semester überschritten hatte), mal hatte man gerade die Miete abgezogen, mal die Studiengebühren, die er inzwischen bezahlen musste, oder sein Vater hatte ihn um ein kleines Darlehen gebeten, weil die Familie Geld für einen neuen Kühlschrank brauchte etc.

Die Kleine sann nach einer Methode, um sich abzusichern, und sie hatte auch schon eine gute Idee. Da sie oft die Korrespondenz von Walter erledigte, konnte sie ihn dazu bewegen, ihr zwei Blankoblätter zu unterschreiben, weil es absolut dringend war, dass diese Schreiben rausgingen, Terminsache, und Walter musste genauso dringend zu seiner Familie fahren, weil sein Vater ins Krankenhaus musste, Hodenkrebs. Der Arme musste kastriert werden und Walter wollte ihm wenigstens in dieser schweren Stunde zur Seite stehen.

Sie benutzte ein Exemplar, schrieb den Brief und schickte ihn ab. Das zweite Exemplar hob sie aber sorgfältig auf und versteckte es an einem sicheren Ort. Es vergingen wieder einige Monate, und es wurde ihr ein lukrativer Job in einer anderen Stadt angeboten. Sie beschloss das Angebot anzunehmen, weil ihr bewusst geworden war, dass sie mit Walter keine glückliche Zukunft haben würde.

***

Inzwischen fing auch Walters Stern bei der Damenwelt an zu sinken. Er war halt einige Jahre älter geworden und ausgeprägte Geheimratsecken hatten seine üppige schwarze Haarpracht drastisch reduziert. Hie und da glänzte es auch schon silbrig. Die zahlreichen Zechtouren hatten auch ihre Spuren hinterlassen, das Training hatte er immer mehr vernachlässigt, bis nichts mehr davon übrig geblieben war, als die allabendlichen Promenaden auf der Tanzfläche des „Schiffs". Sein Körper dankte ihm diese Ruhe mit einer rasanten Entwicklung in die Breite. Der Charme des alternden Dandys, der sich von jeder Frauengestalt wie eine männliche Nutte abschlecken ließ, rief immer mehr eher Erheiterung als Bewunderung in der Damenwelt hervor. Er war schlicht und einfach nur noch lächerlich. Zumal die Damen auch angefangen hatten, untereinander über Walter zu reden. Als sie dann feststellten, dass der Machoprotz eher ein Schlappschwanz war, war die Erheiterung sehr groß.

Walter wollte nicht wahrhaben, dass er längst zur Witzfigur geworden war. Deshalb konnte er auch die subtilen Züge seiner Freundin nicht sehen, mit denen sie ihre Rache weiterbetrieb. Sie hatte ja inzwischen in der fernen Stadt eine neue Wohnung und eine Arbeit, und was Walter nicht wusste, einen Freund. Sie hatte für Walter einen Schuldschein aufgestellt, den er ihr unterzeichnen sollte, damit sie „etwas in der Hand" hatte, außerdem sollte er anfangen, ihr jeden Monat regelmäßig eine kleine Summe zurückzuzahlen.

Walter war stinksauer. Dieses Miststück! Jetzt wollte die doch tatsächlich ihr Geld zurückhaben! Nein, null, nada, nicht mit ihm! So meinte er nur abfällig: „Wenn ich nicht will, kriegst du gar nichts, du kannst mich mal!" – „Das werden wir ja sehen", meinte sie.

Sie ging daraufhin nach Hause und schrieb auf das Blankoblatt einen Schuldschein, schön sauber, mit dem Text und der Summe, die sie von Walter verlangt hatte. Dann machte sie davon eine Kopie und schickte diese Walter zu mit einer Zahlungsaufforderung inklusive Fristsetzung.

Walter schmiss den Wisch natürlich weg, weil es für ihn klar war, dass das nur eine Fälschung sein konnte. Er fühlte sich absolut sicher. Die Hexe konnte ihm gar nichts! Das wär ja schön, wenn so ein kleines undankbares Miststück ihn hereinlegen wollte! Das kam überhaupt nicht in die Tüte. Sie konnte ihm nicht beweisen, dass er ihr Geld hatte, und dass er es zurückzahlen sollte. Sie hatte gar nichts gegen ihn in der Hand!

Dass dem dann doch nicht so war, musste er leidvoll in dem anschließenden Prozess erfahren, bei dem der Schuldschein vorgelegt wurde und die Einzahlungsbelege der Agentur auf sein Konto. Ein Sachverständiger identifizierte mit absoluter Sicherheit seine Unterschrift, Schriftproben lieferten die unterzeichneten Fernleihbelege, die seine Ex aufgehoben hatte, sowie diverse Liebesbriefe, die er ihr mal geschrieben hatte. Auch eine kriminaltechnische Untersuchung bestätigte das Ergebnis des Sachverständigen. Walter wurde daraufhin verurteilt seiner Ex das Geld zurückzuzahlen inklusive der Zinsen sowie die gesamten Kosten des Verfahrens zu tragen. Ein teurer Spaß!

***

Walter suchte daraufhin Trost bei seiner „Stammfreundin". Später kam es dann wieder, wie es kommen musste: Walter heiratete seine Tussi, scheiterte jedoch kläglich bei dem Versuch ihr ein Kind zu machen und musste es dann hinnehmen, dass sie ihn nach nur zwei

Jahren Ehe mitsamt Koffer auf die Straße setzte. Danach hatte Walter endgültig die Nase voll von Frauen und widmete sich ab diesem Zeitpunkt nur noch dem männlichen Geschlecht.

Der Mittelpunkt

Walter hat ein Problem. Er steht gerne im Mittelpunkt. Er liebt es, wenn sich alle Blicke auf ihn richten und er sich in bewundernder Anerkennung sonnen kann. Er ist geradezu süchtig nach diesem Gefühl und geht dafür buchstäblich über Leichen.

Wenn Walter irgendwo auftaucht, so bewirkt allein seine äußere Erscheinung, dass sich alle Blicke auf ihn richten. Mit seinen eins achtundneunzig Körpergröße und zweihundertdreißig Kilo Kampfgewicht ist er einfach nicht zu übersehen. Sein Verhalten verstärkt dann noch diesen Eindruck. Mit lauter Stimme begrüßt er die Anwesenden, erkundigt sich nach dem Wohlbefinden, lacht laut, während des kurzen Austauschs von Belanglosigkeiten mit dem Personal. Er setzt sich schwerfällig auf einen Hocker am Tresen und hat dann alle im Blick. Neben ihm verblassen die anderen Gäste zu Randfiguren, er ist der King, ihm allein gehört die Welt und die ungetrübte Aufmerksamkeit der Anwesenden.

Und das soll auch so bleiben. Deshalb sollen auch gleich alle wissen, wer er ist: Er ist Jurist, Inhaber einer Kanzlei und eines Transportunternehmens, Bankier, ehemaliger Staatsanwalt und Richter, Betreiber eines Gastronomiebetriebs, Geschäftsführer mehrerer internationaler Holding-Gesellschaften, Besitzer eines Weinbergs mit eigenem Weingut, Betreiber einer eigenen Eisenbahnlinie, Vorstandsvorsitzender, mehrfacher Multimillionär, Student und Doktor, ein wichtiger Mann. Manche würden allerdings sagen, er leide an einer multiplen Persönlichkeitsstörung und Größenwahn. Und manchmal fällt es ihm wirklich schwer zu unterscheiden, wann und wo er was ist, denn nicht zu vergessen, er ist auch noch ein erfolgreicher Bestseller-Autor, der schon über fünfundzwanzigtausend Exemplare seines ersten Bandes einer mehrbändigen Serie verkauft hat, sowie Herausgeber von Sammelbänden, Verleger und Verlagsdirektor.

Leider nimmt Walter es dabei in der Tat mit der Wahrheit nicht so genau. Doch das weiß hier keiner. Denn wieder liegen alle Blicke bewundernd auf ihm.

Langsam trödeln seine Freunde und Bekannte in die Stammkneipe ein. Heute gibt es sogar einen besonderen Gast. Ein gut aussehender junger Mann besucht seinen Bruder, der seit langer Zeit in der großen Stadt wohnt. Plötzlich richten sich alle Blicke auf diesen hübschen jungen Neuankömmling, der aussieht, als sei er gerade aus einem Gay-Magazin gehüpft. Und man sieht die lüsternen Mienen der älteren Herren, die sich sehr gut vorstellen können, was man mit diesem Schnuckerl alles anstellen könnte.

Das gefällt Walter nun aber überhaupt nicht! Dieser gottverdammte Kerl stiehlt ihm die Show. Es muss ihm dringend etwas einfallen, damit diese unliebsame Konkurrenz um die Gunst seines Publikums verschwindet. Denn so geht das ja schließlich nicht! In seiner Stammkneipe gehört die Aufmerksamkeit der Gäste ihm, nur ihm, und ihm allein! Er war in keinster Weise gewillt auch nur einen Millimeter von seinem mühsam erkämpften Podiumsplatz an diesen hergelaufenen Streuner abzutreten.

Wutschnaubend wälzt sich Walter von seinem Barhocker und steuert seine Leibesfülle Richtung dorthin, wo auch der Kaiser zu Fuß hingeht. Er muss jetzt nachdenken, und dafür braucht er Ruhe und muss allein sein. Er schließt sich deshalb auch in der einzigen Kabine ein und lässt sich schwerfällig auf dem weißen Porzellanthron nieder.

***

Inzwischen umkreist ein seltsames Raumschiff die Erde. Die Aliens an Bord bedienen eine besondere Maschine, einen Egometer, der den Egozentrismus der Menschen misst. Sie wollen den Menschen mit dem höchsten messbaren Ego identifizieren und ihn dann einem Experiment unterziehen.

***

Von alledem hat Walter natürlich keine Ahnung. Während er weiterhin den Thron der Firma Villeroy & Boch beehrt, hat er auf einmal nur so ein merkwürdiges Gefühl, als ob alles um ihn herum rasant größer und größer würde. Sicher eine Art Schwindelanfall. Doch es hört nicht auf. Im Gegenteil plötzlich sieht seine Umwelt völlig anders aus, mit riesigen flauschigen Kugeln, sehr merkwürdigen Tieren, die wie Monster aussehen und sich mit gierigen Blicken auf ihn zubewegen.

Walter glaubt sich in einem Albtraum gefangen, vielleicht ein Drogentrip, irgendein Dreckszeug, das ihm jemand in sein Glas getropft hat.

***

Was Walter nicht weiß, ist, dass er zum Versuchsobjekt der Aliens geworden ist aufgrund seines Egos, des höchsten messbaren auf diesem Planeten. Sie haben ihn mit einem Spezialstrahl auf die Größe eines Bleistiftpunktes verkleinert und wollen jetzt seine Überlebenschancen und –taktiken erforschen. Sollte er vierundzwanzig Stunden in dieser neuen, völlig fremden und feindlichen Umwelt überleben, würde er von alleine wieder zur normalen Größe heranwachsen und falls nicht, nun, dann bleibt er halt einfach verschwunden.

In diesem Experiment muss Walter sich mit dem Mikrokosmos auseinander setzen, es gilt der Kampf des genialen menschlichen Intellekts mit der rauen und unerbittlichen Natur.

***

Walter, der nicht weiß, wie ihm eigentlich geschieht, versteht sehr schnell, dass diese Monsterviecher, die sich auf ihn zubewegen, echt und nicht seiner Fantasie entsprungen sind. Eins hat ihn nämlich ins Bein gebissen und das tat verdammt weh! Er bewegt sich deshalb, so schnell er kann, auf diesem gleißend weißen Untergrund, der auch noch ziemlich glatt ist, und versucht irgendwo ein Versteck zu finden, wo er außerhalb der Sicht- und Reichweite der Monster wäre. Das ist wirklich nicht so einfach. Er läuft und läuft, bis er schließlich zu einem merkwürdigen Gebilde kommt, das aussieht wie ein Gebirge. Dort gibt es auch einige dunkle Höhlen, in die er sich verkriechen kann, nachdem er sich zuerst vergewissert hat, dass dort nicht andere Monster auf ihn lauern.

Was ist nur passiert? Wo ist er? Warum passiert gerade ihm gerade jetzt so etwas? Er wollte doch eigentlich nur auf den Topf und überlegen, wie er diesen Kerl übertrumpfen und diskreditieren könnte. Ist er etwa auf dem Klo eingepennt und träumt dies? Irgendwie muss das so sein. Das kann er sich nicht anders erklären. Er muss jetzt einen Weg finden, um aus diesem blöden Traum zu kommen, wach werden, irgendwie! Aber, wie? Das ist die große Frage.

Walter seufzt, die Monsterviecher haben ihn aufgestöbert und versuchen nun seine Höhle zu erstürmen.

Er muss sich verteidigen. In seiner Höhle liegen kleine Steine. Er nimmt sie und schmeißt sie auf seine Angreifer. Einige sind überrascht über diese Gegenwehr, quieken komisch auf und suchen dann endlich das Weite. Die Minuten verrinnen. Und er ist noch immer in diesem Traum, mit der gleißend weißen Umwelt draußen.

Plötzlich hört er ein unheimlich lautes Poltern und die Erde bebt. Oh je, nein, nicht auch noch ein Erdbeben! Es grollt und poltert draußen, es schwillt an und wird wieder leiser.

***

Klaus hat es satt. Was tut dieser blöde Kerl denn so ewig auf dem Klo! Er muss mal, groß, und zwar ganz dringend! Das Chili con Carne, das er vor kurzem gegessen hat, fordert nämlich seinen Tribut. Er rüttelt an der Tür und ruft, wie lange das denn noch dauern sollte. Es kommt aber keine Antwort. Merkwürdig. Die Tür ist aber abgeschlossen. Was war das denn für ein Witz! Grummelnd geht er wieder zurück an die Theke und bittet den Kellner, ihm das Klo zu öffnen, da habe sich wohl einer einen besonders guten Scherz ausgedacht. Das Klo sei verschlossen, aber leer. Der Kellner kann auch nur den Kopf darüber schütteln und begleitet Klaus zum Ort seines Verlangens, um ihm mit einem Spezialschlüssel die Tür zu öffnen. Klaus bedankt sich, tritt in die Kabine ein, wischt die Klobrille mit etwas Klopapier sauber und hockt sich hin. Ah, das tut gut! Endlich.

***

Ein enormer Wirbelsturm entsteht urplötzlich vor Walters Refugium und reißt ihn förmlich aus der Höhle, schleudert ihn in die Luft und er wirbelt wie ein Blatt in diesem Sturm herum, zuerst höher und dann fängt er an zu fallen, tiefer und tiefer. Unten sieht er etwas Graues, wie ein grauer Wald und darunter glänzt es wie Wasser. Walter plumpst in das Wasser und das graue Etwas polstert irgendwie seinen Sturz. Uff, nochmals Glück gehabt! Er arbeitet sich wieder an die Wasseroberfläche und klettert auf einen dieser grauen Bäume. Im Wasser sieht er plötzlich auch einige bedrohliche Viecher herumschwimmen, mit riesigen Zähnen und gewaltigen Mäulern, die nach allem schnappen, was sich bewegt. Glück gehabt!

Aber dieser blöde Traum könnte jetzt doch endlich mal zu Ende gehen!

Doch Walters Leiden sind noch längst nicht zu Ende. Plötzlich rauscht es von oben und ein gelber Wasserfall trifft ganz in seiner Nähe auf die graue Masse, die ihn vor schlimmeren Verletzungen geschützt hat. Dieses gelbe Zeug riecht irgendwie bekannt, aber ekelhaft und sehr penetrant. Doch nicht genug. Plötzlich fallen dicke braune Felsbrocken von oben und klatschen in das Wasser, das sich inzwischen mit dem gelben Zeug aus diesem Wasserfall vereint hatte. Walter fängt an hektisch hin und her zu rennen, um Schutz vor dem Steinfall zu suchen. Das ist ja wie bei einem Vulkanausbruch. Ist er etwa Zeuge eines Vulkanausbruchs? Das würde so einiges erklären, aber ein Vulkanausbruch mitten in der Stadt? Ach ja, er träumt das ja alles nur. Und im Traum ist eben auch alles möglich. Die braunen Brocken, die vom Himmel fielen, hatten sich inzwischen zu einem stattlichen Gebirge aufgetürmt. Hinter einem der Brocken sucht Walter Schutz. Er muss diesen Vulkanausbruch jetzt einfach mal abwarten und versuchen, ihn ohne Schaden zu überstehen, und danach muss er sich anstrengen, um wieder wach zu werden. Was man nicht alles träumen kann!

***

Klaus geht es jetzt wesentlich besser. Er hat sich erleichtert und seufzt zufrieden. Nachdem er sich gesäubert hat, drückt er auf die Klospülung und verlässt die Kabine. Es geht ihm gut … und er weiß nicht, was er gerade getan hat!

***

Nach den braunen Brocken fallen dann auf einmal große graue Fetzen vom Himmel, zuerst nur ein paar, dann immer mehr und sie bedecken das neue Gebirge. Walter wundert sich. Was ist das denn nun schon wieder? Aus dem Gebirge lösen sich plötzlich wieder merkwürdige längliche Viecher, die wie Drachen oder riesige Schlangen aussehen. Der reinste Horror! Nicht schon wieder! Nicht wieder dieser Mist! Er will endlich aufwachen.

Plötzlich hört Walter ein gewaltiges Tosen. Das müssen gigantische Wassermengen sein, die sich da auf ihn zubewegen. Er weiß nicht, woher sie kommen und wohin sie rollen, er kann nicht mehr fliehen, er hat keine Chance.

Als der Tsunami über ihn hinwegrollt, erkennt Walter, dass es nun für alles zu spät ist. Sein Ende ist gekommen. Er wird mit der Klospülung in die Tiefen der Kanalisation gespült und ward nie wieder gesehen.

***

Klaus hat gerade seinen Kumpel umgebracht. Aber da er davon keine Ahnung hat und auch sonst niemand, belastet ihn dies nicht im Geringsten.

***

Die Aliens stellen ihre Monitore ab, das Experiment ist beendet, das Subjekt leider dabei verendet.

Diese Spezies scheint in besonderen Situationen doch noch nicht ausreichend überlebensfähig zu sein. Man würde sie also noch weiterhin beobachten, bevor man sie zu weiteren Zwecken benutzen könnte.

***

In der Kneipe ist niemandem aufgefallen, dass Walter auf einmal verschwunden ist. Alle sind viel zu sehr mit dem außergewöhnlichen Besucher beschäftigt, der sie in seinem Bann hält. Auch als der Abend zu Ende geht und die Gäste den Heimweg antreten, vermisst niemand Walter. Er bleibt einfach verschwunden. Gibt es an den ersten Tagen noch die eine oder andere Frage, was denn mit Walter sei, so verstummen auch diese Stimmen schon nach kurzer Zeit und es ist so, als ob es ihn niemals gegeben hätte.

Plagiat

Walter war stinksauer. Da wagte doch dieses Ding, das er mal Freund nannte, sich über ihn lustig zu machen und ein Buch zu veröffentlichen, das sich mit seinen Untaten befasste. Das würde er sich nicht bieten lassen. Niemals! Der würde was erleben! Er würde ja sehen, was es ihm einbringen würde, ihm, Walter, so schnöde in den Rücken zu fallen. Ha ha! Das würde ein Spaß werden.

***

Sein ehemaliger Kumpel, ein Schriftsteller wie er, hatte in der Tat einige Märchen und Kurzgeschichten geschrieben, die im weitesten Sinne Walter als Inspiration nutzten. Es gab ja genügend Episoden in Walters Leben, die nach einer literarisch-humoristischen Aufarbeitung förmlich schrien. Um Walter zu ärgern, hatte Pitt nun Teile dieser Schreibseleien in diversen Internetforen vorab veröffentlicht und auch an Tageszeitungen und Wochenmagazine geschickt. Leider wurden sie dort aber nicht gedruckt, so dass Pitt sich dann der Veröffentlichung seines Gesamtwerkes in einem größeren Verlag zuwandte.

***

In der Zwischenzeit war Walter aber auch nicht untätig. Er begann die Texte von Pitt, die er kannte, systematisch so umzuschreiben, dass sie auf Pitt und seine Freunde passten, so wie Walter sie sah. Es war ein Plagiat, ganz klar. Ein sauberes, schönes, einfaches, unumstößliches Plagiat. Damit würde er Pitt zu Tode ärgern! Denn das war ja der einzige Grund, warum er sich überhaupt diese Mühe machte: Er wollte Pitt und seine bösen Freunde bestrafen.

***

Doch diese ließen sich überhaupt nicht aus der Ruhe bringen. Pitt hatte längst unter das Thema Walter Aar einen Schlussstrich gezogen. Einen „Freund" wie diesen, der die Aufträge, die er Pitt erteilt hatte, nicht bezahlte, der Pitt konsequent das Geld aus der Tasche zog, ihn als Taxifahrer missbrauchte, der ihn dann auch noch permanent belog und betrog und bei anderen Leuten schlecht machte, einen solchen „Freund" brauchte er bei wahrlich nicht.

Pitt hatte Walter schon seit langem aus seinem Leben gestrichen. Alle Emails, die Walter versuchte, an ihn zu schreiben, landeten im Spamordner und wurden ihm überhaupt nicht mehr zugestellt. Auch die SMSe wurden geblockt. Pitt hörte deshalb nur noch selten von Walter, über gemeinsame Bekannte. Und es ging ihm prima dabei. Er wollte mit diesem geltungssüchtigen Angeber und Möchtegern-Westentaschen-Großkotz wirklich nichts mehr zu tun haben.

Vage hatte er noch mitbekommen, dass Walter versuchte, sogenannte „Fanfictions" zu seinem Buch zu schreiben und diese auf einem bekannten Internetportal zu veröffentlichen. Pitt hatte jedoch kurzen Prozess gemacht und Walter einfach aus dem Forum geschmissen. So hatten alle Ruh vor diesem unausstehlichen Zeitgenossen.

Doch eines Tages, wie der Zufall so wollte, stieß Pitt doch noch auf einen von Walters Ergüssen, und da musste er wirklich herzhaft lachen: Walter, diese Lachnummer, hatte doch tatsächlich sein kleines Werk plagiiert. Die Einleitung, die Pitt seinerzeit zu seinem Buch geschrieben hatte, stand da, ebenfalls als Einleitung, praktisch Satz für Satz kopiert und lediglich minimal Walters Bedürfnissen angepasst. Ein sauberes Plagiat. Doch nicht nur das: Auch die anderen Geschichten hatte Walter, der Plagiator, nicht nur der Idee nach kopiert, sondern so umgeschrieben, wie sie ihm ins Konzept passten. Pitt musste sich fast totlachen, als er die Bemühungen seines ehemaligen „Freundes" erkannte, um ihn zu ärgern. Nur, ärgern konnte er sich darüber nicht, dazu war es einfach viel zu lächerlich, außerdem dachte Pitt: „Viel Feind, viel Ehr!" Er musste ja wirklich gut sein, wenn man seine Werke schon für würdig fand, plagiiert zu werden. Bei dem Gedanken lachte er wieder herzlich, denn Pitt war ein humorvoller Mensch, der sich selber nie zu ernst nahm.

Er erzählte in seinem Bekanntenkreis von Walters neuen Bemühungen um Anerkennung, die wieder zur allgemeinen Erheiterung beitrugen. Gott sei Dank gab es doch auf diesem Planeten noch solche Gestalten wie Walter Aar, denn sonst hätte man ja echt fast nichts mehr zu lachen, angesichts der allgemeinen Klimakatastrophe, der Kriege, Aids, des Börsencrashs etc. Doch Menschen wie Walter, die es immer wieder fertig bringen, sich selber vor anderen lächerlich zu machen, indem sie krankhaft und krampfhaft versuchen andere zu übertrumpfen und lächerlich zu machen, um sich selber zu produzieren und in den Mittelpunkt zu setzen, und denen es auch an der geringsten Spur von Selbstironie fehlt, sie bescheren uns diese wenigen Momente, in denen wir voller Schadenfreude (sie ist bekanntlich die beste Freude, weil sie aus ganzem Herzen kommt) so richtig aus tiefster Seele lachen können. Danke Walter!

Walter Aar – der Stalker

Inzwischen waren einige Monate ins Land gegangen, und Walter hatte immer mehr Freunde verloren. Auch noch die Letzten hatten ihm jetzt den Rücken gekehrt, nachdem bekannt worden war, wie er seine besten Freunde elendiglich belogen und betrogen hatte, und das über Jahre. Keiner wollte freiwillig noch etwas mit ihm zu tun haben, und zu allem Übel hatte er jetzt auch noch in einer ganzen Reihe seiner vormaligen Stammkneipen Hausverbot bekommen. So eine Ungerechtigkeit! Wie konnten sie es wagen, ihm DAS anzutun! Wo er sie doch alle nur ein bisschen ausnehmen wollte … deshalb gleich SO auszuticken!

Walter seufzte schwer, er hatte es nicht leicht. Jetzt hatte er so viele freie Zeit und wusste nicht, wie er sie totschlagen sollte, denn auch seine kostenlosen Taxifahrer waren weggefallen, seine billigen Mahlzeitbeschaffer ebenfalls und ganz zu schweigen von seinen kostenlosen Handydiensten. Es blieb ihm nur noch das Internet und seine Online-Freundschaften. Gottlob kannten diese seine wahre Identität nicht, so würden sie nämlich auch nichts von seiner wirklichen Situation erfahren. Bei ihnen konnte er sich jetzt ausheulen und bedauern lassen. Und vor allem, er würde seine Internetfähigkeiten jetzt zum Einsatz bringen können! Ja, er hatte da schon so eine Idee.

Er wollte ja noch immer Rache! Rache an diesem elenden Mistkerl von Pitt, der Schuld an allem Übel war. Der es fertig gebracht hatte, dass schließlich seine ganzen Freunde sich von ihm abwandten und ihn fallen ließen wie eine heiße Kartoffel. Er musste einfach eine Methode finden, diese Kakerlake zu treffen … und zu zerstören. Und zwar genau da, wo es ihm am meisten wehtun würde!

Deshalb musste er den Hund jetzt mal überwachen, am besten Tag und Nacht. Er musste herausfinden, mit wem er verkehrte, wann er was, wie, wo und mit wem machte. Aus diesem Grund beschaffte sich Walter über dunkle Kanäle und dubiose ehemalige Geschäftsbeziehungen eine gebrauchte Abhöranlage und Wanzen. Über einen Bekannten, der bei einem Pizzadienst arbeitete, bei dem Pitt und seine Freunde öfters des Abends mal was bestellten, konnte er eine winzige Wanze in dem Flur der Wohnung anbringen lassen. Es war gut, dass die Reichweite des kleinen Gerätes fünfhundert Meter betrug, denn so konnte er gerade noch die Wanze mit seiner Abhöranlage von zu Hause aus überwachen.

Tagaus tagein hörte Walter nun die Gespräche und Telefonate in der Wohnung seiner deklarierten Feinde ab. Und das machte ihn noch wütender! Denn den Dreien schien es ja richtig gut zu gehen. Sie unterhielten sich über ihre Projekte, sowohl beruflicher als auch privater Natur, außerdem schien ihr Liebesleben auch sehr rege zu sein. Wie gesagt, sie unterhielten sich über vieles, und über viele gemeinsame Bekannte, nur über Walter sprachen sie nie. Sie hatten ihn einfach aus ihrem Gedächtnis verbannt, so, als ob er nie für sie existiert hätte.

Das konnte Walter natürlich so nicht auf sich beruhen lassen. Er musste jetzt handeln, er musste etwas dagegen tun, dass die Drei weiterhin ihr fröhliches Leben genießen konnten und keinen Funken Reue zeigten, für das, was sie ihm angetan hatten. Zunächst fing er an, regelmäßig drei-, viermal am Tag an ihrer Wohnung, die für ihn günstigerweise im Erdgeschoss lag, so dass er auch immer schön hineinsehen konnte, vorbeizulaufen, und dies auch in der Hoffnung, dass sie ihn sehen würden. Ja, sie sollten daran erinnert werden, dass es ihn auch noch gab, und dass sie sein Leben zerstört hatten.

***

Nach einigen Tagen, wie der beabsichtigte Zufall es so wollte, hatte Sven ihn tatsächlich mal gesehen, wie er nachträglich beim Abhören der Bänder feststellen konnte:

„Ei, kucke mal da, da läuft doch tatsächlich dieses fette Ding bei uns vorm Fenster vorbei. Dass es den immer noch gibt!"

Walter war empört, als er so erfuhr, wie sie über ihn redeten. Diese Elenden, diese Frevler, diese gottverdammten, treulosen Hunde! Nun, wie sagt doch so schön das Sprichwort: „Der Lauscher an der Wand hört seine eigene Sünd und Schand!" Und genau das war ja auch unserem Walter passiert.

Natürlich kochte er jetzt noch mehr vor Wut. Sein Gesicht war krebsrot angelaufen, und es war gut, dass Frau Mama nicht in der Nähe war, denn sie hätte sicherlich Angst bekommen, dass ihr Sprössling einen Herzinfarkt erleiden würde.

***

Die Rachepläne waren aber noch immer nicht so richtig ausgegoren. Zwar erfuhr Walter jetzt alles, was er wissen wollte von den Dreien, aber da diese ja nicht wussten, dass er sie abhörte, fühlten sie sich dadurch noch keinesfalls beeinträchtigt. Andererseits musste er vorsichtig sein. Würde er zu viel tun und sich zu auffällig benehmen, würden sie merken, woher er seine Informationen hatte und sie würden dann auf die Suche nach der Quelle gehen.

So nutzte Walter sein geliebtes Internet, um die Drei weiter zu ärgern. Er fing an Pitt mit Emails zu bombardieren, in denen er ihm mit irgendwelchen rechtlichen Folgen drohte, falls dieser es wagen würde, doch tatsächlich sein Buch über Walter Aar zu veröffentlichen. Was Walter allerdings nicht wusste, war, dass Pitt und seine Freunde in der Zwischenzeit sämtliche ihnen bekannte E-Mail-Adressen von Walter Aar geblockt hatten, so dass alle Emails ihre Empfänger überhaupt nicht erreichten und ungelesen im Spamordner landeten, wo sie dann ungesehen automatisch gelöscht wurden. Diese Aktion lief also total ins Leere und hinterließ einen noch frustrierteren Walter Aar!

Wie konnte dieser Pitt ihn einfach so schmählich total ignorieren! Wie konnte dieser Mensch alle Drohungen und Beleidigungen einfach so hinnehmen, ohne irgendwelche Gemütsregungen zu zeigen? Dies war ihm völlig unverständlich.

Walter lechzte immer mehr nach Aufmerksamkeit und seine Aktionen wurden immer dreister. Er schickte nun auch anderen Bekannten Emails und SMSe, in denen er über diese, aber auch über die drei Freunde herzog. Durch die Abhörung der Telefongespräche wusste er, dass diese Pitt von diesen Aktionen berichteten. Doch dieser blieb die Ruhe selbst.

„Lass doch diesen Spinner," hörte er ihn sagen, „der ist ja eh zu feige und zu blöd irgendetwas zu tun. Das ist alles nur heiße Luft und nix dahinter. Am besten du vergisst ihn einfach, so wie wir und ignorierst den ganzen Krampf." Walter blieb die Spucke weg. So .... So ... so eine maßlose Frechheit, wie dieser Kerl über ihn reden konnte! Sein Mund bewegte sich schnappend wie ein Fischmaul, und die Grenze zu einer schwerwiegenden gesundheitlichen Schädigung bei Walter wurde immer geringer. Das konnte er auf keinen Fall auf sich beruhen lassen, SO NICHT! Nicht mit ihm, so wahr er Walter Aar hieß!

***

In seiner Wut fing er an Emails zu schreiben in denen er Hinz und Kunz mitteilte, dass er, Walter Aar, ein neues Buch geschrieben habe, mit Kurzgeschichten. Für dieses Pseudo-Buch benutzte Walter eine abgewandelte Form des Buchtitels von der Kurzgeschichtensammlung, die Pitt schon vor längerer Zeit geschrieben hatte und ebenfalls eine abgewandelte Form von Pitts Pseudonym, so wie es bereits in der kleinen Geschichte „Plagiat" dargestellt wurde.

Dann versuchte Walter auf allen möglichen Internetportalen eigene „Groups" zu eröffnen, um sein Werk vorzustellen, immer in der Hoffnung, dass Pitt, Sven und ihre Freunde ihn endlich wahrnehmen würden und darauf reagierten. Er wurde dabei immer dreister, versuchte immer deutlicher die Personen, auf die er abzielte zu kennzeichnen, damit sie endlich eine Regung zeigen sollten und schickte ihnen auch von völlig neuen E-Mail-Adressen, die er zum Teil von seinen Online-Freundschaften „borgte", wieder Emails mit Hinweisen auf das Buch, seine Veröffentlichung und seine Protagonisten. Doch auch jetzt blieb der gewünschte Erfolg aus, immer noch keine Reaktion.

Walter war fast am Platzen vor Wut. Sein Blutdruck bewegte sich schon in nicht ungefährlichen Regionen. Außerdem hatte er seinen bisherigen Frust in wahren Fressorgien ausgelassen, so dass er zu seinen etlichen Pfunden über dem Idealgewicht noch so einige aufgesattelt hatte. Als Resultat schmerzten seine Füße und seine Knie bei jedem Schritt, so dass er es vermied unnötige Wege zu laufen, was natürlich auch wieder dazu führte, dass er noch mehr zunahm.

Er hockte also nur noch Tag und Nacht an seiner Abhöranlage, ärgerte sich grün und blau über das gute Leben, das die Drei führten, trotz seiner Bemühungen, ihnen gerade dies zu vermiesen, und tummelte sich mit weiteren Versuchen das Leben anderer Leute zu stören im Internet.

So versuchte er, zum Beispiel, ihre Email-Accounts sperren zu lassen, ließ ihre Yahoo-Groups löschen (angeblich weil dort Leute verunglimpft wurden), gründete aber weiter eigene um genau DAS zu tun, versuchte ihre Passwörter zu diversen Internetforen zu knacken, legte dort Fake-Profile mit ähnlichen Namen an, um dann von denen aus andere Leute, vornehmlich die Freunde seiner „Feinde" blöd anzumachen und zu beleidigen, immer in der Hoffnung, dass diese Aktionen auf seine „Feinde" zurückfallen würden, damit die endlich auch leiden würden.

***

Da die Menschen jedoch im Allgemeinen weit weniger dumm sind, als Walter es wahrhaben wollte, traf er jedoch in letzter Konsequenz immer nur einen, nämlich sich selbst.

Zu guter Letzt hatte sein Stalker-Dasein nämlich dazu geführt, dass er sich permanent auf so einem hohen Niveau ärgerte, dass er schließlich einen Schlaganfall erlitt, der ihn mit einer halbseitigen Lähmung und der Unfähigkeit zu sprechen ans Bett fesselte. So hatte ihn schließlich die Strafe seiner verehrten Götter getroffen, die seinem Unwesen auf diese Art ein Ende setzten. Danach wurde es im Leben seiner akkreditierten Feinde erstaunlich ruhig, aber diese bemerkten die Veränderung auch nur ganz unterschwellig.

Und die einzige Konsequenz für Pitt war, dass Walter mal wieder für genügend Stoff für ein weiteres Kapitelchen von Pitts Buch gesorgt hatte.

Tschuff, tschuff fährt die Eisenbahn

Walter liebte die Eisenbahn. Schon als Kind spielte er gerne mit seinen Elektroloks, und jetzt, wann immer er größere Entfernungen zurückzulegen hatte, fuhr er mit der Bahn. Keine zehn Pferde kriegten ihn in ein Flugzeug, aber ein Zug, das war was Feines. Als besonderer Leckerbissen galt ihm der Aufenthalt im Führerhaus einer Lok. Durch Beziehungen gelang es ihm immer mal wieder während der Fahrt für eine Zeit lang in das Allerheiligste gehen zu dürfen, und er genoss diese Aufmerksamkeit in vollen Zügen.

Es war also auch nicht erstaunlich, dass er voll „auf den Zug aufgesprungen" ist, als er durch seinen damaligen Freund erfuhr, dass die Bahn eine stillgelegte Strecke im Oberfeld veräußern wollte. Seine eigene Bahnstrecke, seine eigene Eisenbahn, sein großes Lieblingsspielzeug, seins, seins, seins … Welch' wohlige Gedanken und Gefühle wirbelten da durch seinen Kopf! Das war hervorragend, das war super, das war einfach traumhaft! Er, Walter, würde sich einen Lebenstraum erfüllen!

Walter machte sich auf den Weg zum Internetcafé, denn man hatte ihm gerade seinen Telefonanschluss gekappt, weil er die Rechnungen nicht bezahlt hatte. Diese Bescheuerten von der Teledomm, wie konnten die es wagen ihm eine Monatsrechnung von über vierhundertfünfzig Euro zu schicken. Also wirklich! Na ja, er hatte ja auch viel telefoniert mit seiner neuen Fernbeziehung. Siebzehn Stunden Dauertelefonat als Ferngespräch, ohne Flatrate … Das ging ins Geld, wie man jetzt sah! Jedenfalls, er hatte nicht bezahlt und die Telefongesellschaft hatte seine Leitung gesperrt. So musste er jetzt jedes Mal zum Surfen bis zum nächsten Internetcafé am

Bahnhof laufen. Mit seinen etlichen Pfunden zu viel war das schon eine Strapaze, und er hatte schon über zehn Kilo in den letzten vier Wochen abgenommen, durch die vermehrte Bewegung, die er auf einmal hatte. Internetsurfen als Abmagerungskur, das war ja was ganz Neues!

Wohlig seufzend ließ sich Walter an seinem Stammplatz nieder und fuhr die Kiste hoch. Jetzt wollte er sich doch mal ansehen, was die Bahn da so alles zu bieten hatte. Gekonnt loggte er sich in den betreffenden Seiten der Bahngesellschaft ein und fand dann auch das Angebot für die Strecke. Das war traumhaft! Für den symbolischen Preis von einem Euro konnte er Eigentümer der Bahnstrecke werden, plus der anliegenden Grundstücke, Bahnhöfe, Tunnels, Brücken, Bahnübergängen etc. Natürlich gab es da noch das Kleingedruckte. So diverse Investitionsverpflichtungen, Instandhaltungsverpflichtung usw. Aber dem standen auch wieder größere Subventionsbeträge aus den Töpfen des Bundes gegenüber. Schnell rechnete er ein bisschen hin und her und beschloss dann der Bahn ein Kaufangebot zu unterbreiten.

Gut gelaunt verließ Walter nach einer Stunde das Internetcafé und begab sich wieder nach Hause, um dann dort am PC sein Angebot zu schreiben. Nach einigen Tagen war es dann so weit: Das Angebot ging in die Post und jetzt musste er warten. Weil er aber das Warten hasste wie die Pest, beschloss er ein weiteres Projekt anzugehen: die Gründung eines Vereins. Dieser Verein sollte die Bahnstrecke betreiben, nach Möglichkeit natürlich als gemeinnütziger Verein, gefördert mit Spendengeldern.

Aus dem Internet holte er sich einige Vereinssatzungsvorlagen, die er zu seinem eigenen Zweck entsprechend ummodelte, und dann fing er an zu überlegen, wen er als Gründungsmitglieder für den Verein anwerben könnte. Man brauchte ja mindestens sieben Unterschriften unter dem Gründungsvertrag, bevor man ihn bei den zuständigen Ämtern einreichen konnte.

Da war ja er selbst, als Nummer eins, als Nummer zwei kam natürlich sein Freund, der zurzeit bei ihm wohnte, Nummer drei, der Depp, den er permanent als Taxichauffeur missbrauchte, ohne dass er es merkte (denn er würde ja jetzt öfter in das Oberfeld fahren müssen), die anderen vier wählte er von einer Internetseite aus, die sich schon mit der Oberfeldbahn befasste. Nachdem er diese Leute telefonisch kontaktiert und ihnen sein Projekt dargelegt hatte, waren sie Feuer und Flamme - sie kannten Walter Aar ja noch nicht!

Nach einigen Wochen war es dann so weit: Walter lud die Gründungsmitglieder des neuen „Oberfeldbahn-Betreiber e.V. in Gründung" nach Waldgabrielsquell in eine Gaststätte zur Gründungsversammlung ein. Fünf der sieben Mitglieder waren anwesend, zwei, die wesentlich weiter weg wohnten, konnten, laut Walter, leider nicht kommen. Sie würden die Statuten nachträglich unterzeichnen, wie Walter den anderen versicherte. Die Gründungsmitglieder lasen die Satzung sorgfältig durch und einer nach dem anderen setzte dann seinen „Otto-Wilhelm" darunter. Walter würde ihnen dann, wenn alle unterschrieben hatten, ein Exemplar zukommen lassen (was er aber in Wirklichkeit nie vorhatte …).

Die Wochen und Monate vergingen. Leider klappte das mit dem Kauf nicht so problemlos, wie Walter sich das vorgestellt hatte. Man forderte Referenzen von ihm, von Banken, Sicherheiten und ähnlichen Kram. Damit konnte Walter nun nicht gerade glänzen.

Außerdem legte die Regionalverwaltung der Region Oberfeld Einspruch ein. Sie hatte ein Vorkaufsrecht auf die Bahnstrecke und völlig andere Pläne mit dem Gelände.

Walter gab aber nicht so schnell auf. Durch einen seiner neuen Bekannten bekam er Kontakt zu einflussreichen Lokalpolitikern und gemeinsam luden sie kurz vor den Kommunalwahlen die Öffentlichkeit zu einer Pressekonferenz ein, bei der Walter als der großzügige Financier und Wohltuer der Region vorgestellt wurde. Die anwesende Lokalpresse lobte seine Pläne in einem Artikel, der dann auch veröffentlicht wurde, mit einem Bild von Walter Aar in Großformat.

Durch diese wohltuende öffentliche Bauchpinselung blühte Walter in der Folgezeit förmlich auf. Endlich schenkte man ihm die Anerkennung, die ihm seiner Meinung nach zustand. Leider sahen das die Ämter nicht so. Und sowohl der Kauf der Eisenbahnstrecke als auch die Gründung des Vereins verliefen äußerst schleppend. Die Fachleute, die dort zugange waren, ließen sich nicht so einfach von ihm blenden und forderten immer wieder neue Unterlagen, Pläne, Gutachten. Besonders die Gemeinnützigkeit des Vereins wurde nicht anerkannt, und der Verein auch nicht eingetragen, weil er die Minimalanforderungen nicht erfüllte.

Natürlich teilte Walter dies seinen Gründungsmitgliedern zunächst nicht mit. Nach außen blieb alles „Friede, Freude, Eierkuchen"-mäßig. Er berief sie dreimal im Jahr zu einer Mitglieder- und Vorstandssitzung ein und erzählte dort nur von den Problemen mit der Regionalverwaltung. Dass er immer noch nicht legitimer Eigentümer der Strecke war, gab er zunächst aber nicht bekannt, das konnte man nur unterschwellig aus dem Gesagten heraushören, wenn man sehr genau hinhörte. Das taten aber die wenigsten, und so fiel es auch keinem auf, dass Walter sie alle in der Tat, nach Strich und Faden verschaukelte: die Vereinsmitglieder, die Lokalpolitiker und die lokale Presse.

Schließlich ebbte das Interesse von Walter an diesem Projekt langsam ab, und im dritten Jahr nach der „Vereinsgründung" war es auf einmal erstaunlich still. Nichts mehr ... Keine Infomails, keine Mitgliederversammlung, keine Vorstandssitzung. Nur Schweigen im Walde! Still ruht der See!

Pitt, der ja eines der Gründungsmitglieder war, fragte ihn ab und zu, wie es mit dem Verein stand und Walter gab ihm immer wieder ausweichende Antworten, dass die Ämter Schwierigkeiten machten, aber da müsse man halt durch, aber inzwischen habe man die Gemeinnützigkeit des Vereins anerkannt bekommen. Eines Tages, eher per Zufall, landete Pitt mal wieder auf der Homepage des Vereins. Was er aber dann dort las, verschlug ihm doch den Atem!

Da hatte doch tatsächlich laut einem Bericht von Walter eine Mitgliederversammlung stattgefunden, bei der er, Pitt, zum Vorstandsmitglied gewählt worden war. Nur hatte Pitt nie etwas davon erfahren, weder von der Sitzung, noch von seiner Ernennung. Dann sollte in einer weiteren Sitzung die Auflösung des Vereins beschlossen worden sein, einstimmig! Auch davon hatte Pitt keine Ahnung. Walter hatte ihm nie etwas davon erzählt, und er war auch nie von Walter zu den Sitzungen eingeladen worden, so wie es ursprünglich in der Satzung vorgesehen war. Pitt fand das sehr merkwürdig. Deshalb legte er gegen die Sitzungen und die dort gefassten Beschlüsse Widerspruch ein. Dann sprach er mit Sven darüber. Auch dieser hatte weder eine Einladung erhalten, noch wusste er etwas über diese Beschlüsse.

Walter war stinksauer, als er die eingeschriebenen Briefe von Pitt und Sven erhielt. Also wirklich, diese Nervensägen! Er hatte wohl nichts anderes zu tun als sich jetzt noch mit diesem schnöden Papierkram zu beschäftigen. Es gab keinen Verein mehr. Punkt! Basta! „Sitzungsprotokoll", „Mitgliederliste", „Kopie des Originalgründungsvertrags mit der Registriernummer des Amtsgerichts"! Ich glaube es hackt! Was will denn der damit! Es gibt keinen Verein mehr. Aus, fertig! Wo nix mehr ist, kann man auch nix mehr holen.

Zwei Jahre lang hatte der Kerl sich für nix interessiert, da war ihm alles völlig egal, sogar dass seine Unterschrift gefälscht wurde, hatte er hingenommen (na ja, er hatte es ja auch nicht gewusst, dass Walter seine Unterschrift gefälscht hatte, als er ein weiteres Mal versucht hatte, den Verein anzumelden ...), und jetzt, auf einmaaaalllll da will der Kerl all diese Unterlagen! ‚Das gibt's doch nicht! Nicht mit mir!', dachte Walter.

Er schnaubte wutentbrannt und krakelte einige Zeilen auf das säuberlich betippte Blatt Papier, das ihm der Briefträger gerade per „Einschreiben-Rückschein" überreicht hatte. „Verein wurde Anfang 2000 mit Beschluss der Mitgliederversammlung (von Ihnen mitgetragen) aufgelöst. Der Widerspruch ist daher sinn- und zwecklos. Gruß. Walter Aar".

Was stand da auf dem Wisch: „Widerspruch gegen die Mitgliederversammlung des Vereins ‚Oberfeldbahn-Betreiber e.V.' vom 12. Oktober 2000 sowie die angebliche Vorstandssitzung vom 15. Januar 2001 und die dort gefassten Beschlüsse". Der Kerl hatte sie ja wohl nicht mehr alle, Widerspruch einzulegen gegen die von ihm gefassten Beschlüsse!

Der „Oberfeldbahn-Betreiber e.V.", das war schließlich er, Walter Aar, und sonst niemand, und er hatte ja auch dafür gesorgt, dass er alleine schalten und walten konnte, dank seiner hervorragend ausgeklügelten „Satzung vom 3. Januar 1999", die er auf der Homepage des Vereins veröffentlicht hatte: „Jede ordnungsgemäß einberufene Mitgliederversammlung ist ohne Rücksicht auf die Zahl der erschienenen Mitglieder beschlussfähig. Für Beschlüsse und Wahlen der Mitgliederversammlung gilt die einfache Mehrheit der abgegebenen gültigen Stimmen." Wenn er allein tagte, und sei es nur in seinem Kopf, wer wollte ihm dann schon widersprechen! Und jetzt kommt dieser dahergelaufene Kerl und will „Unterlagen"!

Walter hatte das System wirklich schlau ausgeklügelt. Seinerzeit hatte er die Satzung, wie so vieles andere bei seinen Schwindeleien, aus dem Internet gezogen und auf seine Bedürfnisse umgeschrieben. Aber einen Passus hatte er übersehen, oder einfach dessen Tragweite nicht erkannt, der da hieß: „Über Verhandlungen und Beschlüsse der Mitgliederversammlung ist ein Protokoll aufzunehmen, das von dem die Versammlung leitenden Vorsitzenden und dem jeweiligen Protokollführer zu unterzeichnen ist. Jedes Mitglied ist berechtigt, die Niederschrift des Protokolls einzusehen."

Ja, ja, da hatte sich Walter wohl ein Ei ins Nest gelegt! Und dieser unverschämte Kerl ritt jetzt auf diesem Kuckucksei über seinen Geduldsfaden. Wieder schnaubte Walter wutentbrannt und faltete das misshandelte Blatt Papier, steckte es in einen Umschlag, den er an den unverschämten Kerl adressierte, und klebte die Briefmarke drauf. Bei seinem Gang in die Stadt würde er ihn in den Briefkasten werfen.

Ein Stoßseufzer. Erledigt! Dieser Kerl hätte es doch tatsächlich beinahe geschafft, ihn aus dem Konzept zu bringen. Doch nicht mit ihm! Nicht mit Walter Aar! Hahaaa!

Inzwischen braute sich aber etwas zusammen, von dem Walter in seiner Selbstbezogenheit keine Ahnung hatte. Das verärgerte Vereinsmitglied hatte ein dumpfes Gefühl des „hier stimmt etwas nicht" bekommen, als er die angepissten Mails und den Kommentar Walters auf seinem eigenen Widerspruch erhielt. Warum zierte sich Walter Aar derart, ihm diese ganz normalen Unterlagen zuzuschicken? Schließlich hatten die anderen Vereinsmitglieder ihn ja als Schriftführer und in den Vereinsvorstand berufen, und das auch noch in dieser ominösen Sitzung, an der er gar nicht teilgenommen hatte, und von der er noch nicht einmal etwas wusste. Und jetzt, wenn er einfach nur ganz banale Unterlagen wollte, die ihm laut Satzung auch zustanden, löste er eine solche Reaktion bei Walter Aar aus?? Da konnte doch etwas nicht stimmen!

Der Mann grübelte und grübelte. Und schließlich fiel ihm doch noch etwas ein: Vor zwei Jahren hatte er mal Walter eine 200-Euro-Spende gegeben für den Verein, für die er bis dato noch keine Spendenquittung erhalten hatte. Walter hatte damals gemeint, man solle warten, bis das Finanzamt die Gemeinnützigkeit des Vereins anerkannt habe, denn dann könnte er die Spende auch von der Steuer absetzen. Und wenn er sich jetzt richtig erinnerte, dann hatte Walter ihm doch vor einigen Monaten erzählt, das Finanzamt habe endlich, nach viel Hickhack, die Gemeinnützigkeit anerkannt. Da war wohl jetzt die Zeit gekommen, Walter wieder an diese Spende zu erinnern.

Gedacht, getan. Und der Mann, den wir auch hier weiter Pitt nennen wollen, schrieb eine kleine Mail an Walter Aar: „Kannst du mir bitte eine Spendenbescheinigung schicken, für die zweihundert Euro, die ich dir als Spende für den Verein vor zwei Jahren gegeben habe? Ich mache gerade die Steuererklärung und will sie absetzen. Du hast doch neulich gemeint, die Gemeinnützigkeit sei inzwischen anerkannt worden. Gruß, Pitt"

Es gingen einige Mails hin und her und Walter schien sich wieder etwas zu zieren, wollte aber schließlich durch den Kassierer eine Spendenquittung ausstellen lassen. Dann begann die Zeit des Wartens. Pitt war sauer, er wollte doch endlich seine Steuererklärung wegschicken und die Tage rannen dahin, ohne dass die Spendenbescheinigung endlich in seinem Briefkasten lag.

So langsam dämmerte in ihm der Verdacht, dass auch dies nur eine Hinhaltetaktik von Walter war. Vielleicht gab es ja gar keine Gemeinnützigkeit, vielleicht konnte Walter keine Spendenbescheinigung ausstellen, vielleicht gab es ja nicht mal einen Verein, hatte es nie gegeben … Irgendwie machten seine Überlegungen Sinn. Das würde auch erklären, warum Walter seinen Widerspruch so schroff abgewiesen hatte mit dem Hinweis, der Verein sei aufgelöst worden. Dann gab es ja da noch die Mail in der Walter erklärt hatte, man hätte einen neuen Verein gegründet und er Pitt, sei damals ja auch damit einverstanden gewesen.

Ganz vage konnte sich Pitt erinnern, dass Walter mal auf einer Vereinssitzung in Waldgabrielsquell gemeint hatte, in der großen Stadt habe es Schwierigkeiten mit der Anmeldung des Vereins gegeben und deshalb werde er, Walter, den Verein am Amtsgericht in Füß anmelden. Danach hatte Pitt aber nie wieder etwas davon gehört, weder von der Anmeldung noch vom Verein im Allgemeinen, es war das letzte Mal, dass er an einer Vereinssitzung teilgenommen hatte, und das war schon ziemlich lange her. Monate später hatte Walter ihm dann mal bei einer anderen Gelegenheit erzählt, dass jetzt alles durch sei und man habe die Gemeinnützigkeit anerkannt. Ja, so war das gewesen! Jetzt konnte sich Pitt wieder erinnern. Und nun war Walters Verhalten ihm noch befremdlicher. Warum der ganze Heckmeck, wenn doch alles in Ordnung war!?

Lange Rede, kurzer Sinn! Pitt war ein Mann der Tat, er machte keine großen Worte und handelte ohne zu zögern. Zunächst schickte er zwei Briefe, einen ans Amtsgericht, Abteilung Vereinsregister, in der großen Stadt, und einen ans Amtsgericht von Füß, beide mit der Bitte ihn über den Stand der Eintragung des Vereins „Oberfeldbahn-Betreiber e.V." zu informieren. Dann hockte er sich an seinen Rechner und las die ganze Korrespondenz, die er mal mit Walter Aar zum Thema „Oberfeldbahn-Betreiber e.V." hatte, schrieb sich alle Email-Adressen auf, die dabei auftauchten, weil er davon ausging, dass Walter ja wohl nur Kopien seiner Schreiben an die anderen betroffenen Mitglieder weitergeleitet hatte, und schrieb alle diese Adressen an. Es war ein ziemlich neutrales Schreiben, dass es doch schön wäre, das Projekt in einer letzten Sitzung gemeinsam zu verabschieden, und man sich dabei dann auch noch ein letztes Mal treffen könne etc. Er erklärte dann auch den Grund seines Widerspruchs und fügte die Korrespondenz, die mit Walter Aar geführt wurde zu dem Thema in Kopie bei. Jetzt wussten die anderen wenigstens mal Bescheid und könnten sich selber dazu äußern.

Einige der Email-Adressen waren nicht mehr aktuell, und so gab es eine ganze Reihe von Rückläufern, darunter auch die von Karl Behrend. Da Pitt noch eine zweite Email-Adresse von Herrn Behrend in den Unterlagen entdeckt hatte, schickte er seinen Brief mit Anhang mit der Funktion „Weiterleiten" ebenfalls an diese Adresse von Herrn Behrend.

Ein paar Tage später fand Pitt in seinem Maileingang einen höchst merkwürdigen Brief von Herrn Behrend, von einer ominösen Yahoo-Adresse auf den Namen karlbehrend@yahoo lautend. Dieser Brief war so geschrieben, dass Pitt es einfach nicht glauben konnte, dass ein wildfremder, erwachsener Mann ihm solche Dinge schreiben würde. Nun ja, man konnte ja nie wissen. Schließlich hatte er Karl Behrend nur zwei- oder dreimal in seinem Leben gesehen. Pitt schrieb also einen weiteren Brief an Karl, erklärte ihm noch einige Hintergründe und sandte den Brief an die beiden Email-Adressen, die er auf den Namen von Karl Behrend hatte. Dann ging er aber auch hin und schrieb noch einen Brief, den er an die postalische Adresse von Karl Behrend schickte, mit der Bitte um Bestätigung, dass er, Karl Behrend, ihm (Pitt) diese Email geschickt hatte, und dass er der Inhaber dieser Yahoo-Mail-Adresse war.

Nach einigen Tagen bekam Pitt dann einen Anruf von Karl Behrend, der ihm versicherte, ihm niemals eine Email geschickt zu haben. Er sei auch nicht Nutzer dieser Yahoo-Mail-Adresse und wolle mit der ganzen Chose, was Walter Aar betraf, nichts mehr zu tun haben. Pitt wusste nun Bescheid. Kein anderer als Walter Aar selbst hatte ihm diese Email unter falschem Namen geschrieben, weil er wissen wollte, was Pitt beabsichtigte. Nun gut, Walter wollte spielen, und Pitt wollte ihn jetzt gehörig zappeln lassen.

Erneut schrieb Pitt eine Aufforderung an Walter ihm die Spendenquittung zuzusenden, und er schickte gleich eine Kopie an den akkreditierten Kassierer des Vereins. Von diesem erhielt er dann eine Mail, dass er sich nicht weiter mit dem Verein befasste und keine Ahnung von dieser Spende, und der Möglichkeit einer Spendenquittung hatte. Walter reagierte natürlich wieder verärgert, zumal jetzt auch noch der Kassierer ihn darauf ansprach, was diese Spendengeschichte bedeuten sollte.

Pitt wurde dreister. Er setzte Walter jetzt eine Frist, und sollte die Frist nicht eingehalten werde, würde er die Spende von Walter zurückfordern, beziehungsweise das dubiose Verhalten von Walter bei den zuständigen Ämtern melden, als Spendenbetrug. Walter sollte ruhig ein wenig ins Schleudern kommen.

In der Zwischenzeit änderte Walter immer wieder seine Homepage zum „Oberfeldbahn-Betreiber e.V." und verleumdete dort sogar öffentlich Pitt und Sven. Als „Mitglieder" des Vereins gab er nun seine neuen „Freunde" an, die nie an einer Sitzung des Vereins teilgenommen hatten. Die ganze Homepage war nur noch ein einziger Bluff. Alles nur Lug und Betrug. Durch seine Versuche, seine Fehler immer wieder zu bereinigen, ritt sich Walter immer tiefer in die bekannte „Sch…".

Pitt beobachtete das Ganze und lachte sich ins Fäustchen. Gut so! Sollte dieser Angeber doch mal endlich ein bisschen ins Schwitzen kommen.

***

Hephaistos, der Gott des Feuers und der Schmiede, der auch der Gott der Eisenbahnen war, hatte Walters Treiben missbilligend verfolgt. Er beschloss deshalb

Walter eine Lehre zu erteilen, die er so schnell nicht vergessen würde. Dazu begab er sich in seine unterirdische Schmiede unter dem heiligen Berg Ätna und schmiedete aus magischem Magma des heiligen Berges eine Lokomotive. Sie war keine normale Lokomotive, sondern besaß besondere magische Fähigkeiten, und sie war einzig dazu erschaffen worden, Walter Aar heimzusuchen und für seine Vergehen zu bestrafen.

***

Walter war mal wieder im Oberfeld unterwegs und inspizierte „sein" Bahngelände. Er besuchte das kleine Lokal auf dem alten Bahnhofsgelände von Küngelheim und unterhielt sich mit der Besitzerin über die von ihm geplante, „unmittelbar bevorstehende" Inbetriebnahme des Bahnverkehrs. In dem kleinen Lokal sollten die Fahrgäste auch Fahrkarten kaufen können, dafür würde dann die Besitzerin eine Provision auf den verkauften Karten erhalten. Ganz glücklich über die Kooperationsbereitschaft der Lokalinhaberin machte sich Walter noch auf einen Rundgang zur Inspektion des Gleiskörpers.

In der kommenden Woche sollte die Regionalverwaltung endlich über ihr weiteres Vorgehen in dieser Angelegenheit abstimmen, und Walter war sich sicher, dass man nun endlich, nach fast vier Jahren seinem Vorhaben, auf den Gleisen zunächst eine Art „Museumsbahn" zu betreiben, zustimmen, würde, und dass er dann endlich legaler Inhaber der Bahn werden könnte. Hach, war das schön!

Walter genoss die Vorfreude und schritt frohgemut, so schnell es seine dicken Beine mit den kleinen Füßen erlaubten, die Gleise entlang, über die verrostete Brücke (hier würden wohl die ersten Reparaturarbeiten

anfallen), am Tunnel vorbei, in dem ja die alte Lokomotive auf ihren Einsatz wartete, wie er seinen Bekannten überall erzählt hatte. Nun ja, es gab sie nur in
seiner Fantasie … Aber es würde ja eh keiner nach-
schauen! Es ging ihm gut, das Leben war schön, der
ganze Ärger mit seinen ehemaligen Vereinsmitgliedern
ganz weit weg und so konnte er den Tag genießen.

Auf einmal hörte er in der Ferne das Geräusch eines Zuges, oder besser gesagt, einer Lokomotive. Er
musste sich verhört haben. Es gab ja in dieser Gegend
keinen Zug, keine Lokomotive, zumindest im Moment
noch nicht. Walter lief weiter an den Gleisen entlang.
Doch das untrügliche Fahrgeräusch einer Dampflok
wurde immer lauter. Kein Zweifel, auf diesen Schienen
fuhr gerade ein Zug, der sich ihm rasend schnell näherte.

Walter verstand die Welt nicht mehr. Wie konnte
hier ein Zug fahren, wenn es doch hier gar keinen Zug
gab! Das konnte einfach nicht wahr sein. Nichtsdestotrotz konnte er nach kurzer Zeit den Rauch einer alten
Dampflok erkennen, die sich auf den Schienen in seine
Richtung bewegte. Es war unheimlich. Es tauchte auf,
direkt vor ihm.

Ein riesiges Zugungetüm stürmte schnaubend auf
ihn los. Der Angstschweiß perlte ihm plötzlich von der
Stirn und Walter lief und lief. Immer weiter über die
Gleise. Immer weiter. Mal drohte er zu stolpern, mal
zwischen den Schwellen hängen zu bleiben. Doch er lief
und lief, und der rasende Zuggeist kam immer näher.
Auf einmal sah Walter den Eingang zu seinem geliebten
Tunnel, seinem Stolz! Gerettet, nun war er bestimmt gerettet. Walter stolperte in den Tunnel, als sich plötzlich
unter ihm der Boden öffnete und die Tore der Hölle unter ihm loderten. Er konnte nicht mehr bremsen und

stürzte in die bodenlose Tiefe des Höllenschlundes, tiefer und tiefer …

Schweißgebadet wachte Walter Aar auf. Er fühlte sich wie gerädert, als ob er einen Marathon gelaufen wäre. Sein linker Fuß war ganz blau und geschwollen. Woher das wohl kam? Die letzten Bilder seines Traums erschienen plötzlich wieder vor seinem inneren Auge. Es war so real gewesen. Unheimlich … und er schwor sich, nie wieder einen Fuß in einen Eisenbahnwaggon zu setzen.

Walter schrieb einen Brief an die Bahn und die Regionalverwaltung des Oberfeldes, in dem er ihnen mitteilte, dass er sich aus dem Projekt „Oberfeldbahn" zurückzog, aus gesundheitlichen Gründen.

Einige Tage später votierte die Regionalverwaltung dann über die Zukunft der Oberfeldbahn. Der Gleiskörper sollte saniert werden und als Touristenattraktion sollten Draisinen den Gästen die Möglichkeit bieten, die Naturschönheiten des Oberfeldes zu bewundern.

Walter ward aber nie wieder in der Region gesehen.

Walter Aars Reise nach Afrika

Walter hatte in einem Preisausschreiben eine Reise nach Kenia gewonnen, für zwei Personen. Nicht, dass er jedes Preisausschreiben mitmachen würde, das wäre doch zu peinlich. Er hatte mal aus Jux an so einer mitternächtlichen Telefonaktion teilgenommen, und dann auch noch gleich gewonnen. Jetzt würde er also nach Kenia fliegen. Vor allem FLIEGEN!

Walter hatte gewaltigen Schiss vor diesen dubiosen Fluggeräten, von denen man ja behauptet, sie kämen alle wieder runter. Nur wie, das war die entscheidende Frage. Er würde also jetzt gleich so ein Teufelsding besteigen, begleitet von dem einzigen Menschen, dem er nicht „Nein" sagen konnte, nämlich seiner Mutter. Für sie galt insbesondere der Spruch, dass der Mann zwar das Haupt der Familie sei, die Frau aber die Mütze drauf. Die kleine, zierliche Mittsechzigerin war furchteinflößend. Wenn sie sich mal etwas in den Kopf gesetzt hatte, dann konnte man es ihr einfach nicht mehr ausreden. Und als sie gehört hatte, dass ihr Sohn diese zweiwöchige Reise nach Kenia gewonnen hatte, zehn Tage Safari und vier Tage im Fünfsterne-Hotel in Nairobi, da war sie einfach nicht mehr zu halten. Sie wollte mit! Und er musste jetzt wohl oder übel seinen Gewinn mit seiner Frau Mama teilen.

***

In seinem großgeblümten Hawaiihemd, den kakifarbenen Bermudashorts, dem Panamahut und den Espadrilles sah er aus wie ein Schlappentourist. Aber Mama fand, das wäre genau die richtige Ausstattung für Afrika und den afrikanischen Busch, den sie ja bald bereisen würden. Walter hoffte nur, dass seine Kumpel aus der Szene ihn nicht so sehen würden. Das würde er nämlich nicht überleben! Die würden sich über Jahre noch über ihn lustig machen. Oh Gott!

Damit es aber auch genügend Erinnerungsfotos geben würde, hatte Mama sogar das Geld locker gemacht für eine neue Digitalkamera, und der Laptop würde sie auch auf der Reise begleiten. Man wollte ja schließlich gleich sehen, ob die Bilder auch gelungen waren. Und Walter sollte natürlich auch ein Reisetagebuch führen (immerhin rühmte er sich ja, ein „bekannter Bestsellerautor" zu sein), damit Mama es dann anschließend bei ihrem Donnerstagnachmittag-Damenkränzchen vorzeigen konnte.

***

Die Schlange vor ihnen am Eincheck-Counter des Frankfurter Flughafens wurde immer kleiner und die Schweißperlen auf Walters Stirn immer größer. Die nette Dame am Schalter nahm die Flugtickets und die Pässe und fragte dann nach besonderen Wünschen bezüglich der Sitzplätze. Bevor Walter überhaupt begriff, um was es hier ging, antwortete Frau Mama zielstrebig, wie aus der Pistole geschossen: „Einmal einen Fensterplatz und einen Gangplatz, bitte!"

Walter fügte sich in sein Schicksal und hob die beiden vollgepackten Koffer auf das Transportband.

„Sie haben Übergepäck. Das macht dann sechsundzwanzig Euro Gebühr zusätzlich."

„Übergepäck? Wieso Übergepäck? Jeder von uns hat doch dreißig Kilo Freigepäck!"

„Nein, bitte sehen Sie sich den Flugschein an, hier steht eindeutig fünfundzwanzig Kilo. Mit sechsundfünfzig Kilo haben Sie deshalb sechs Kilo Übergepäck, für die eine Pauschalgebühr von sechsundzwanzig Euro zu zahlen ist."

Das fing ja gut an! Murrend löhnte Walter die gewünschte Summe, nahm die Pässe und die Boardingcards und schleppte dann das Handgepäck Richtung Ausgang zu den Flugsteigen.

„Ich hatte dir ja gesagt, du sollst nicht so viel einpacken. Wir sind doch nur zwei Wochen unterwegs und du hast eingepackt als wollten wir zwei Jahre auf Weltreise gehen," wagte es Walter seine Mutter zu kritisieren, was er besser nicht getan hätte, denn jetzt war Frau Mama beleidigt.

„Man kann doch nie wissen, was man in Afrika alles braucht," fauchte sie zurück.

***

Schweigend reihten sie sich in die Schlange vor der Sicherheitskontrolle ein. Nach einigen Minuten mussten sie dann alle ihre Taschen und Jacken auf das Transportband legen und durch die Sicherheitsschleuse treten. Natürlich piepste es bei beiden! Jetzt fing die Suche nach dem Verursacher an. Nacheinander musste Walter sich von seinem Handy, seinem Portemonnaie, seinem Schlüsselbund und schließlich seinem Gürtel trennen. Besonders letzteren mochte er überhaupt nicht ablegen, denn sofort, nachdem er den Gürtel herausgezogen hatte, fingen die Shorts an zu rutschen. Mit beiden Händen musste Walter sie festhalten, als er zum vierten Mal durch die Sicherheitsschleuse stapfte. Diesmal, endlich, ohne Piepsen. Sein Gürtel war gottlob schon durch den Scanner und so konnte er zumindest den Riemen schnellstens wieder in die betreffenden Ösen stecken und seinen Shorts wieder einen festeren Halt geben. Auch die Frau Mama war inzwischen durch die Sicherheitskontrolle gekommen, nachdem sie sich von ihrer Brille und dem Schmuckkästchen getrennt hatte.

Doch das Thema war noch nicht durch: Am Ende des Transportbandes stand ein Sicherheitsbeamter und hatte die Tasche von Frau Aar vor sich liegen.

„Gehört diese Tasche Ihnen?" – „Ja," entgegnete Frau Mama.

„Bitte öffnen und leeren."

Mit beleidigter Miene öffnete die werte Dame ihre Tasche und förderte den gesamten Inhalt zutage: Neben einer Ersatzbrille, einem Portemonnaie und diversen Schminkutensilien gab es da noch eine Flasche Siebenundvierzigelf, eine Flasche Mineralwasser, ein Fläschchen Pfefferspray, ein Nähkästchen und ein Maniküre-Set.

„Keine Flüssigkeiten in die Kabine und keine Scheren. Pfefferspray ist verboten."

So wanderte die Flasche Siebenundvierzigelf, das Mineralwasser und die beiden kleinen Scheren in einen gesonderten Plastikbeutel, der mit Name und Flugnummer beschriftet wurde, und Frau Aar sollte ihre Habseligkeiten dann in Nairobi am Flughafen wieder in Empfang nehmen dürfen. Das Fläschchen Pfefferspray landete gleich in einer Mülltonne. Natürlich war Frau Mama sehr ungehalten über diesen Eingriff in ihre Persönlichkeitsrechte und beschwerte sich bitterböse. Aber das half alles nichts. Vorschriften sind schließlich Vorschriften, und die gelten bekanntlich für alle Fluggäste, auch für Frau Aar.

***

Nachdem das Handgepäck nun etwas erleichtert worden war, machten die beiden sich auf den Weg zum Flugsteig B neunundvierzig. Sie mussten durch endlose Gänge laufen, durch die sogar Transportbänder führten. Nach anfänglichen Bedenken trauten sie sich schließlich diese Bänder zu besteigen und ließen sich dann ohne weitere Anstrengung Richtung Flugsteig befördern. Die beiden hätten niemals gedacht, dass der Frankfurter Flughafen so groß sein würde!

Der Nachteil bei diesen Transportbändern ist jedoch, dass sie meistens ziemlich abrupt und ohne ersichtlichen Grund aufhören. Gerade wird man noch so schön an der Welt vorbeigeschoben, und dann rummms! steht man wieder auf eigenen Füßen. So auch hier, nur dass Frau Mama nicht auf ihren Füßen sondern auf ihrem Allerwertesten landete! Wie peinlich!

Walter war krebsrot angelaufen, als er seiner Mutter wieder auf die Beine half.

„Mutter, pass doch bitte auf, was sollen die Leute von uns denken!"

Walter, der sich Sorgen um seinen guten Ruf machte? Ein ganz neuer Zug an unserem Ekelpaket.

Schließlich kamen die beiden dann doch bei der kleinen Halle mit Sitzgelegenheiten an, wo auch die anderen Fluggäste auf die Öffnung des Gates warteten. Walter griff sich noch schnell eine Tageszeitung und fing an zu lesen.

***

Doch schon nach wenigen Minuten wurde der Flug aufgerufen, das Gate geöffnet und nachdem sie doch noch eine ganze Weile in der Schlange Richtung Flugzeug gestanden hatten, weil sie natürlich viel zu früh aufgestanden waren und sich in die falsche Gruppe gedrängelt hatten, konnten sie endlich in den Flieger einsteigen. Zwei Flugbegleiterinnen, und, was natürlich vor allem Walter ins Auge sprang, ein schnuckeliger Flugbegleiter, hießen sie an Bord willkommen und überreichten ihnen eine Illustrierte als Fluglektüre. Sie zeigten den Abschnitt ihrer Boardingcard und wurden in die richtige Richtung zu ihren Plätzen gewiesen. Dort angekommen, hievte Walter das schwere Handgepäck in die Fächer über den Sitzen und klappte sie mit Mühe wieder zu. Während seine Mutter am Fenster Platz genommen hatte, ließ er sich schon völlig erschöpft am Gangplatz nieder.

Jetzt begann der Kampf mit dem Sicherheitsgurt. Nee doch, das konnte einfach nicht wahr sein! So sehr er sich auch abmühte, er schaffte es einfach nicht, den Schieber in die dafür vorgesehene Schließvorrichtung zu stecken. Der Gurt war für ihn definitiv zu klein. Eine weitere Peinlichkeit auf dieser peinlichsten aller Reisen!

Der Schnucki in Uniform hatte seine Verzweiflung bemerkt und brachte ohne weitere Aufforderung ein Verlängerungsteil, das er geschickt in die dafür vorgesehene Vorrichtung steckte und Walter dann angurtete wie ein kleines Baby. Dabei streifte seine Hand ganz leicht, so wie ganz zufällig, über Walters Bauch, während er ihn anstrahlte.

„Ich hoffe, der Herr wird jetzt einen angenehmen Flug haben", säuselte er und Walters Kopf war voller Geigen. Wow!! So ein Service ließ er sich doch gerne gefallen!

***

Schließlich waren alle Passagiere an Bord und in ihren Sitzen verfrachtet. Die Flugbegleiterinnen liefen die Reihen durch, kontrollierten die Sicherheitsgurte und zählten die Passagiere. Alle da! Es konnte losgehen!

Walter realisierte plötzlich, dass es jetzt ernst wurde. In wenigen Minuten würde er, Walter Aar, in den Lüften über dem Frankfurter Himmel schweben! Oh Gott! Schon allein bei dem Gedanken wurde ihm übel. In der kleinen Tasche vor seinem Sitz entdeckte er gleich mehrere wichtige Utensilien: einmal die Notfallinstruktionen, dann eine Spucktüte und schließlich das obligatorische Bordmagazin.

Zunächst inspizierte er die Kotztüte, für den Fall der Fälle. Sie war relativ klein und nur aus Papier. Gerade mal besser als gar nichts. Dann wollte er anfangen sich mit den Notfallinstruktionen bekannt zu machen, als der Schnuckel von eben anfing, genau diese Dinge zu erklären. Mit seiner süßen, säuselnden Stimme brachte er den Passagieren die Funktion der Sicherheitsgurte, der Sauerstoffmasken und der Schwimmwesten näher. Gebannt hörte Walter zu. Besonders als die diversen Notausgänge angesprochen wurden. Er sah sich um und entdeckte drei Reihen weiter seinen zuständigen Notausgang, über die Flügel des Fluggefährts.

Dann gab es einen kleinen Ruck und langsam bewegte sich der Ausstiegsarm von ihnen weg. Anschließend heulten die Düsenturbinen kurz auf und das Flugzeug rollte zunächst langsam auf die Taxiway und dann etwas schneller an den anderen Flugsteigen und den Hangars vorbei zum Abflugpunkt auf der Abflugbahn. Startbahn West, versteht sich. Alte, längst verschüttete Erinnerungen wurden wach, an die ganzen Demos in den Siebzigern und Achtzigern, als er sich auch mal intensiv für Umweltschutz engagierte. Lang, lang ist's her!

***

Bevor es aber richtig losging, mussten sie warten, wie immer in Frankfurt standen die Flugzeuge Schlange zum Abfliegen. Genug Zeit, damit einige unangenehme Gedanken Walter noch weitere Schweißperlen auf die Stirn treiben konnten.

Doch dann heulten die Motoren auf und die Maschine gewann an Fahrt. Sie wurde schneller und schneller, dann gab es einen leichten Ruck. Walter rutschte das Herz in die Hose. Es war so weit, er würde dies nicht überleben. Die Maschine würde in wenigen Sekunden an einem Baum zerschellen und explodieren. Er hatte es gewusst, Flugzeuge waren sein Unglück. Doch nach dem leichten Ruck neigte sich die Nase des Fliegers nach vorne und er hob ganz langsam ab, die Räder verließen die Rollbahn und man hörte, wie die Klappen wieder schlossen. Das Flugzeug war nun in der Luft, es flog.

Draußen sah man wie Frankfurt kleiner und kleiner wurde. Die Gebäude und Straßen sahen aus wie bei einer Modelleisenbahn, klein aber dennoch sehr plastisch. Die Autos sausten wie winzige Pünktchen hin und her auf den grauen Bändern der Straßen und Autobahnen.

Neben der MD tauchten flockige Wattebällchen auf: die Wolken. Dann ein leichtes Ruckeln … und Walter starb wieder tausend Tode. Sicherlich würde er an einem Herzinfarkt verrecken vor Angst, wenn die Maschine nicht abstürzen oder explodieren sollte. Doch statt der erwarteten Explosion bot sich Walter ein überwältigender Anblick: Der Flieger war durch die leichte Wolkendecke gestoßen und stieg noch immer weiter um die angestrebte Flughöhe zu erreichen. Er flog jetzt über den Wolken in einem strahlend blauen Himmel, unter ihnen das weiße, bauschige Wolkenmeer, das aussah wie die Arktis in der Sonne. Diesen Anblick vergisst niemand, der ihn zum ersten Mal erleben darf. Und so waren auch Walter und die Frau Mama total ergriffen und verpassten fast das Angebot der Flugbegleiter, die nun einen Wagen mit Getränken durch den Gang schoben.

„Was dürfen wir Ihnen anbieten? Softdrinks, Kaffee und Tee sind frei, die Preise der alkoholischen Getränke finden Sie im Bordjournal in der Tasche vor ihrem Sitz."

Frau Mama bestellte sich einen Sherry und Walter ein alkoholfreies Bier. Beide kuckten weiterhin fasziniert auf den Himmel unter ihnen. Einige Wolken sahen anders aus, wie große Türme, und es schienen immer mehr dieser Türme zu geben.

Da erklang plötzlich eine Art Glocke und dann eine Stimme:

„Meine Damen und Herren, wir überfliegen gerade ein Gewittergebiet und es ist mit einigen Turbulenzen zu rechnen. Bitte bleiben Sie angeschnallt sitzen und verlassen Sie die Toiletten und den Gang."

***

Oje! Ein Gewitter! Im Flugzeug! Walters Herz hauste jetzt irgendwo in der Kniekehle und flatterte ängstlich wie ein Vögelchen. Er hatte ja schon so einiges gelesen, über Blitzeinschläge in Flugzeugen und die Folgen für die Bordelektronik. Seine Überlebenschancen hatten sich wieder halbiert. Total verkrampft konnte er sein Bier überhaupt nicht mehr genießen. Erstaunlicherweise blieb seine Mutter munter und quietschfidel, während er sich mit seinem nahenden Ende befasste.

Eigentlich hätte er ja noch so viel erreichen wollen, z.B. den Literatur-Nobelpreis, eine Traumvilla mit Whirlpool, ein Harem mit lauter Sahneschnittchen etc., etc. Doch im Moment war er bereit auf alles zu verzichten, wenn er nur diese blöde Reise überleben würde.

Es ruckelte wieder leicht, so, als ob man über Kopfsteinpflaster fuhr. Das dauerte ein paar Minuten und dann wurde es wieder ruhig. Das Anschnalllicht über ihren Köpfen erlosch mit einem „Bling" und die ersten Passagiere erhoben sich wieder, um sich Richtung „Lavatories" zu begeben.

***

Walter versuchte ebenfalls sich abzuschnallen, aber angesichts seines Umfangs, war das nicht so einfach. Schließlich erschien wieder das hilfsbereite schnuckelige Wesen in Uniform, das ihn von seinem Gurt befreite und dann Richtung Toilette geleitete. Auch dieser Gang durch den Gang war nicht ohne … denn gehen funktionierte nicht so richtig, es war eher ein Durchschieben, da auch noch andere Passagiere irrsinnigerweise dort standen und sich unterhielten. Schließlich waren sie doch vor den mit grün markierten Türen angelangt. Sein süßes Sahneschnittchen deutete auf die rechte Kabine, auf der eine Frau mit Wickeltisch abgebildet war. Was sollte das denn nun? Er war doch kein Weib mit Kind! So schritt denn Walter beherzt zu einer der beiden linken Türen und zog an der Schiebetür.

Was sich ihm dann eröffnete, war der reinste Horror. Dieses winzige Ding sollte die Toilette sein?! Und da sollte er, Walter, hineinpassen, um sein Geschäft zu verrichten?

Nun, was Walter nicht wusste, war, dass eine der drei Kabinen, nämlich die mit dem Wickeltisch-Zeichen, etwas größer war und üblicherweise nicht nur von Müttern mit Kindern, sondern auch von den etwas Fülligeren genutzt wurde. Doch diese Feinheit war unserem Walter als Flugnovize nicht bekannt, und so versuchte er nun sein Glück in einer der beiden anderen Kabinen.

So ein enges Örtchen hatte er bis dato nie gesehen. Er sah sich das Kämmerlein an und dann sich selbst. Die Proportionen wollten nicht so recht passen. Er schob sich also mit Gewalt durch die enge Tür und sah sich dann der ganzen Problematik gegenüber: Wie um alles in der Welt sollte er sich jetzt umdrehen, um sich auf den Topf zu setzen und vorher noch die Hose runterlassen? Er steckte zwischen Waschbecken und Wand fest und seine Drehversuche waren nicht sonderlich erfolgreich. Mit Ächzen und Stöhnen schob er seine Leibesfülle um die eigene Achse, öffnete den Hosenschlitz, den Gürtel und die Hose und versuchte sie langsam nach unten zu schieben Richtung Knie. Es war ein etwas langwieriger Prozess, und draußen vor der Tür gab es schon einige ungehaltene Stimmen. Zu guter Letzt hatte er es dann so weit geschafft, dass sein Allerwertester nun entblößt war und sich Richtung Klobrille bewegen konnte. Schließlich hockte er auf dieser unbequemen Metallschüssel und verrichtete sein Geschäft. Das nächste Problem war dann, sich ordnungsgemäß abzuputzen. In der Enge bedurfte es fast Houdini-mäßiger Fähigkeiten um seine Hände in Richtung des zu reinigenden Objektes zu bringen, was wiederum auch einen beträchtlichen Zeitaufwand erforderte. Doch auch das schaffte er recht und schlecht. Dann Hose wieder hoch, zumachen, aufstehen und Hände waschen. Dazu musste er sich quer stellen, was ein erneutes Hieven und Schieben bedeutete. Doch auch das gelang. Er wusch sich die Hände und bewegte sich quer Richtung Tür. Das große Problem war dann, dass die Tür ja nach innen aufging, und Walter quer stand und den ganzen Raum zwischen Kloschüssel und Tür füllte. Er musste jetzt die Schiebe-Falttür nach innen ziehen, um sie zu öffnen. Es zeigte sich, dass das ohne fremde Hilfe ein Ding der Unmöglichkeit war. Irgendwie hatte gottlob einer der wartenden Passagiere sein Problem erkannt und dieser schob und drückte dann von außen, bis die Falttür so weit geöffnet war, dass Walter sich nach außen zwängen konnte. Die Passagiere, die vor dem Örtchen warteten, schüttelten in völligem Unverständnis den Kopf:

„Warum benutzt er denn nicht die größere Kabine, anstelle das Klo über Dreiviertelstunde zu blockieren! So ein Blödmann!"

***

Erst jetzt begriff Walter, dass er sich in den Augen der anderen Passagiere gerade zum Affen gemacht hatte. Eine Dreiviertelstunde auf dem Klo! Das war's! Aber es half nix, er musste durch den Gang wieder zu seinem Sitzplatz zurück. Das reinste Spießrutenlaufen. Er hörte, wie die anderen Passagiere hinter seinem Rükken tuschelten und anfingen zu lachen. Dies ärgerte ihn in höchstem Maße und er wurde immer roter im Gesicht vor Wut. Diese verdammte Flugreise! Hatte er so was nötig!

Endlich an seinem Sitzplatz angekommen, keifte seine Mutter gleich los:

„Wo bleibst du denn so lange! Wir haben schon alle gegessen, nur du noch nicht, du warst ja nicht da, als es Essen gab!"

Auch das noch! Sein Magen meldete sich und knurrte leicht. Ja, definitiv, er hatte Hunger! Kaum hatte er sich wieder hingesetzt, da erschien schon wieder der süße Schnuckel, der einzige Lichtblick in dieser Hölle der Peinlichkeiten, und schnallte ihn wieder an, wie ein Kleinkind, weil er ja allein nicht an die Schnallen und Ösen drankam.

„Was darf ich dem Herrn denn bringen, Rind oder Schwein?"

„Rind!"

Ein paar Minuten später war er im Besitz eines winzigen Tabletts mit einem verschlossenen Aluschälchen, das ein Etikett mit einer Kuh zierte, sowie einem winzigen Schälchen mit Salat, einem anderen mit Kuchen und einem kleinen Plastikpäckchen mit Besteck, einer Serviette, zwei kleinen Päckchen mit Pfeffer und Salz und Salatsauce. Er sollte nun den Klapptisch vom Rücksitz vor ihm herunterklappen, um darauf zu essen. Das war jedoch ein Ding der absoluten Unmöglichkeit! Seine Leibesfülle hinderte den Tisch am Herunterklappen. Es ging definitiv nicht. Da erschien wieder unser uniformiertes Strahlemännchen und brachte ihm ein separates Tablett mit genügend Zwischenraum (da einstellbar) für Walters Wampe.

Endlich konnte sich Walter von den Unbilln des Lebens erholen und in Ruhe essen. Obwohl es mit der Ruhe eigentlich nicht weit her war: Seine Mutter plapperte unentwegt vor sich hin und erzählte ihm alles, ob er wollte oder nicht, was er in den letzten fünfundvierzig Minuten verpasst hatte.

Nach dem Essen befreite ihn das Schnuckelchen wieder von dem Spezialtablett und den Resten seines Menüs. Auf der Leinwand wurde dann ein längerer Spielfilm gezeigt. Danach wurden die Lichter gedämpft und die Passagiere stellten sich auf eine Nacht im Flugzeug ein, jeder versuchte, so gut er konnte, zu schlafen,

… was auch einigen gelang, wie man unschwer nach kurzer Zeit hören konnte. Es schnarchte in allen möglichen Tonlagen rechts und links, vorne und hinten. Unter diesen Umständen konnte Walter das Thema „Schlafen" allerdings vergessen. Er hatte keine Oropax dabei, leider. Denn der „King of Snore" war eindeutig seine neben ihm sitzende Mutter, die ganze Regenwälder abzuholzen schien. Lesen war auch nicht, er kam ja nicht dran (seine Lektüre lag oben, wohlverstaut im Handgepäck, die Illustrierte hatte er schon durchgeblättert), Filme gab es auch nicht mehr und so blieb Walter nur das einsam vor sich hin Leiden und hoffen, dass dieses furchtbare Erlebnis so schnell wie möglich vergehen möge.

Nach unendlich lange scheinenden Stunden, in denen er doch immer wieder kurz eingenickt war, wurde dann das Licht endlich wieder etwas heller gestellt, die Flugbegleiter reichten zum Einstieg in den neuen Tag ein Glas Saft und dann gab es das Frühstück.

***

Die Sonne war wieder aufgegangen, ein imposanter Anblick aus dem Flugzeug, und unter ihnen lag wie eine Live-Landkarte der afrikanische Kontinent. Alles in Gelb- und rötlichen Ockertönen. Ein feiner blauer Streifen zeigte den Verlauf des Nils an, wie der Pilot gerade erklärte. Man hatte mittlerweile den größten Teil der Strecke zurückgelegt und befand sich über dem Süden des Sudans. Weit unter ihnen tobte der Bürgerkrieg, der Zehntausende von Opfern forderte, doch von alledem war in dem komfortablen Flugzeug nichts zu spüren.

Nach dem Frühstück folgten auf der Leinwand einige Kurz- und Werbefilme, und man bot den Passagieren die zollfreie Ware an. Frau Mama konnte natürlich nicht widerstehen und legte sich ein neues Duftwässerchen zu. Auch Walter wurde nicht verschont. Sie kaufte ihm erneut (wie oft hatte er ihr eigentlich schon gesagt, dass er dieses Aftershave nicht mochte?) ein Fläschchen Kouros. Es war einfach hoffnungslos und er hatte es aufgegeben. Die nächsten Wochen würde er also wieder nach diesem süßlichen Zeug stinken.

Es wurden anschließend die Kärtchen verteilt, die die Passagiere bei der „Immigration" abgeben mussten. Frau Mama übernahm das Ausfüllen der Formulare, denn Walter konnte aufgrund seines Umfangs natürlich nicht auf einer festen Unterlage schreiben. Jetzt verging die Zeit endlich etwas schneller und der Flug ging langsam auf sein Ende zu. Walter würde seine erste Landung in einem Flugzeug erleben, auf dem Flughafen von Nairobi.

***

Die Passagiere wurden gebeten, wieder ihre Sitzplätze einzunehmen und sich anzuschnallen. Dann begann der Sinkflug. Es wurde Walter richtig übel, als das Flugzeug regelrecht nach unten zu fallen schien. Der Boden kam rapide näher. Oh Gott! Er hörte die Düsen nicht mehr. Es musste etwas passiert sein, sie waren am Abstürzen, er würde diesen Flug nicht überleben, er hatte es ja immer gewusst: Flugzeuge sind Teufelswerkzeug.

Doch dann gab es diverse knackende Geräusche, die Düsen heulten wieder kurz auf, die Erdoberfläche näherte sich immer rasanter. Walter konnte die ausgetrocknete Erde, die Lehm- und Wellblechhütten und sogar einiges Getier erkennen.

Dann ruckelte es und er sah neben sich den festen Untergrund einer Rollbahn. Die Maschine war ganz ordentlich gelandet, es war alles in bester Ordnung. Der Angstschweiß perlte noch von Walters Stirn, als er sich langsam wieder beruhigte. Den ersten Teil dieser Horrorreise hatte er trotz allem doch wohlbehalten überstanden.

***

Nachdem die Maschine am Ausstiegsarm geparkt hatte, stiegen die Passagiere aus. Auch Walter zwängte seine Leibesfülle, in Hawaiihemd und Safarishorts gehüllt, inklusive des Handgepäcks, Richtung Ausgang. Er musste ständig aufpassen, nirgendwo hängen zu bleiben. Warum mussten die Gänge auch so furchtbar eng sein!

Schließlich hatte die Tortur ein Ende und Walter trippelte mit Mama Aar Richtung „Immigration", nachdem diese noch ihren aufgegebenen Beutel mit Siebenundvierzigelf, Mineralwasser und den Scheren in Empfang genommen hatte. Sie stellten sich in die Schlange, wie die anderen Passagiere und harrten der Dinge, die da kommen sollten. Als sie endlich an der Reihe waren, schüttelte der Beamte den Kopf:

„You haven't got a visa yet, you need a visa. Go to the visa-desk and get your visa. Then you come back for the immigration formalities."

Walter und Frau Mama guckten den dunkelhäutigen Mann mit den schwarzen Augen verständnislos an. Sie verstanden nur Bahnhof.

„Wir haben eine Reise gewonnen. Wir wollen Urlaub machen", versuchte Mama Aar nochmal ihr Glück.

„You need a visa to enter the country", entgegnete wieder der Beamte.

Das hatte keinen Zweck. Hier redete man aneinander vorbei. Dies war eine Folge von Walters humanistischer Erziehung. Er hatte zwar Latein und Altgriechisch gelernt, aber leider kein Englisch. Gottlob kam ihnen da eine nette junge Frau zu Hilfe, die ihnen erklärte, sie müssten zuerst an dem Visa-Schalter ein Visum besorgen. Dazu würden sie aber auch kenianisches Geld benötigen, das es am Schalter gleich nebenan gab.

Zähneknirschend stapften die beiden zuerst zum Bankschalter und wechselten zweihundert Euro in zwanzigtausend Kenianische Schilling. Dann ging's weiter zum Visa-Schalter. Sie hielten dem Beamten wortlos die Pässe hin, der jeweils eine Marke einklebte und einen Stempel reindrückte. Und wieder ging's zurück zur „Immigration", mit Pass und Visum.

„Where is your immigration card, please?", der Beamte wollte noch was von ihnen. Was war es denn nun diesmal wieder? Es war zum Mäusemelken. Konnten diese Menschen denn nie zufrieden sein? Frau Aars Gesichtsfarbe wechselte von einem hellen Rot auf Puterrot. Doch plötzlich erinnerte sie sich an diese Kärtchen, die sie im Flugzeug erhalten hatten. Sie nahm die Kärtchen aus ihrer Tasche und hielt sie dem Beamten vor die Nase. Diesmal nickte er zustimmend, drückte einen weiteren Stempel in die Pässe und winkte die beiden durch. Na endlich! Das wurde ja auch Zeit!

***

Aufatmend dirigierten sich die beiden nun Richtung Koffer, denn ein Zeichen, das an der Decke auf Hinweisschildern zu sehen war, zeigte einen Koffer. Durch zahllose Gänge, treppauf und treppab kamen sie schließlich in eine große Halle mit Transportbändern, auf denen zahlreiche Koffer ihre Runden drehten.

Schließlich sahen sie ein Band mit der Bezeichnung „Frankfurt" und ihrer Flugnummer. Nun mussten sie nur noch warten, bis das Transportband ihre Koffer zutage fördern würde. Sie warteten und warteten. Langsam leerte sich das Band um sie herum. Endlich kam Walters großer Koffer hochgepoltert und er hievte ihn vom Band. Nun müsste ja dann wohl auch bald Mamas Koffer kommen. Doch weit gefehlt! Auf einmal war das Band leer und blieb stehen … und Mamas Koffer blieb verschwunden!

Mutter und Sohn sahen sich an. Das konnte doch wohl nicht wahr sein! Der Koffer war weg! So ein Ärger! Die Passagiere ihrer Maschine waren mittlerweile alle durch die Ausgangstür entschwunden. Die Halle war leer. Einsam und verlassen standen die beiden an den Transportbändern und guckten ziemlich bedeppert aus der Wäsche. Was sollten sie jetzt machen?

Ein einsamer dunkelhäutiger Putzmann schwenkte seinen Feudel über den spiegelblanken Marmorboden. Das war nun ihre Beute. Sie stürzten sich auf den armen Kerl und bombardierten ihn mit Fragen. Der arme Mann war völlig überfordert und wiederholte nur immer wieder in gebrochenem Englisch: „I no English!", was aber wiederum weder Mutter noch Sohn verstanden.

Dieser Zirkus war einem Flughafenangestellten hinter seinem Schalter aufgefallen. Er beschloss sich dieser beiden Idioten zu erbarmen, schloss seinen Schalter ab und bewegte sich auf die beiden zu. Auf seine freundliche Frage „May I help you?" überrollte ihn ein stereoerklingender deutscher Wortschwall, aus dem lediglich die Wörter „Koffer" und „nicht da" herauszuhören waren. „Ach, Sie sind Deutsche!", entgegnete er in perfektem Deutsch mit einem breiten Lächeln. „Das trifft sich gut, ich habe in Deutschland studiert, in Germersheim", obwohl weder Frau Mama noch ihr fetter Sohn die geringste Ahnung hatten, wo denn nun Germersheim war, atmeten sie erleichtert auf und schilderten diesem freundlichen Menschen ihr Missgeschick.

Er begleitete sie daraufhin zu einem anderen Schalter und erklärte seinem Kollegen in wohl genauso perfektem Swahili, was es mit diesen beiden merkwürdig aussehenden Touristen auf sich hatte. Es wurden einige Formulare ausgefüllt, der Koffer, der angekommen war, wurde gewogen und dann fragte der nette hilfsbereite Mensch, in welchem Hotel sie abgestiegen waren.

Mutter Aar kramte die Reisedokumente aus ihrer Handtasche, blätterte in dem kleinen Papierstapel und hielt ihm dann den Hotelvoucher vor die Nase. „Ach, Sie sind im Serena Hotel, gleich am Rande der Innenstadt. Ein schönes Hotel! Die Fluggesellschaft wird sich jetzt um ihren Koffer kümmern, und sobald er wieder aufgetaucht ist, wird sie Ihnen den Koffer ins Hotel liefern. Dies ist für Ihre Unannehmlichkeiten," er hielt den beiden daraufhin einen Gutschein von fünfzig Euro unter die Nase. Damit konnte die gnädige Frau sich jetzt Waschzeug und einen Schlafanzug besorgen, denn man rechnete damit, dass der Koffer mit der nächsten Maschine ankommen würde.

***

Gemeinsam verließen sie die Gepäckhalle und gingen zum Ausgang. Ihr Transferservice war nirgendwo mehr zu sehen. So ein Mist aber auch! Erst Koffer weg, dann auch noch der Bus weg!

Der nette Mann, der sich ihnen mit „Isa Kuruma" vorgestellt hatte, geleitete die beiden schließlich zu einem Taxi vor dem Flughafen und gab dem Taxifahrer noch das Fahrziel bekannt, Serena Hotel. Dann verabschiedete er sich und ging zurück. Nun ging für die beiden Bleichgesichter das Abenteuer Afrika also richtig los!

Aus dem Lautsprecher des Taxis tönten rhythmische Klänge von einem fremdartigen Instrument und der Taxifahrer sang den Text lautstark mit. Er schien sehr gut gelaunt zu sein. Kein Wunder, hatte der Herrgott ihm doch solche Deppen als Fahrgäste beschert! Und er war durchaus gewillt diese auszunehmen wie eine Weihnachtsgans! Den Touristen tat das nicht weh, sie merkten es nicht einmal, und er konnte sein äußerst mageres Gehalt als Taxifahrer dadurch etwas aufbessern. Zu Hause saßen schließlich achtzehn Mäuler, die gestopft werden wollten. So ist das nun mal, wenn man drei Ehefrauen mit jeweils fünf Kindern zu versorgen hatte.

„N'suri Afrikaa", sang er fröhlich weiter, während Frau Mama und Walter sich mit der afrikanischen Landschaft, wie sie sich ihnen aus dem Taxi heraus anbot, anfreundeten.

Eigentlich waren es vom Flughafen zum Hotel nur fünfundzwanzig Kilometer, aber das wussten die beiden Fahrgäste nicht. Der nette Taxifahrer konnte also ohne Probleme seine Fahrt verdoppeln, indem er einfach die große Schleife auf der Umgehungsautobahn fuhr. Gut gelaunt trällerte er seine Lieder während der Taxameter munter vor sich hin tickte. Nachdem er einmal außen um die Stadt herumgefahren war, fuhr er auch noch einmal die innere Schnellstraße, so eine Art innerer Ring. Diesmal ging es an Elendsvierteln vorbei in denen die Menschen in Wellblechhütten hausten, Landflucht in Afrika, aber auch vorbei am Nationalmuseum.

„Museum, Museum", sagte der Taxifahrer und deutete auf das moderne Gebäude in einem Park.

Dann, nach ca. anderthalb Stunden Fahrt bog er endlich in die Einfahrt des Serena-Hotels ein, fuhr die beiden zum Eingang und hielt dann die Hand auf, indem er auf den Taxameter deutete, dreitausend Kenianische Schilling, ein halbes Vermögen. Ohne zu Zögern löhnte Frau Mama den Betrag und fügte noch mal zweihundert Schilling Trinkgeld hinzu. Der Fahrer strahlte: „Thank you, thank you," während er den beiden half, Walters schweren Koffer aus dem Kofferraum zu hieven. Sofort erschien ein Hotelangestellter in Livree und winkte einen Kofferträger herbei, der sich dann um den Koffer und das Handgepäck kümmerte, während Mutter und Sohn an der Rezeption eincheckten.

***

Ihr Voucher hatte ihnen ein Doppelzimmer reserviert, gottlob aber mit zwei getrennten Betten, denn mit seiner Mutter in einem Bett zu schlafen, das hätte Walter nicht überlebt, nicht bei ihrem Schnarchpotential.

Der Hotelangestellte geleitete sie zu ihrem Zimmer und erhielt auch noch einige Schilling Trinkgeld. Endlich angekommen. Erleichtert ließ sich Walter auf sein Bett plumpsen. Das hätte er lieber nicht tun sollen, denn es gab einen Schlag … Und Walter saß auf dem Boden. Durchgebrochen! So eine Schande! Total perplex und erschrocken rappelte sich Walter wieder hoch und sah blöd aus der Wäsche. Das fing ja gut an!

Frau Mama schüttelte auch etwas verwundert den Kopf und griff gleich zum Telefonhörer und rief die Rezeption an.

„Hallo, Rezeption? Das Bett von meinem Sohn ist kaputt, wir brauchen dringend ein neues Bett!" – „Excuse me?" - „Bett! Kaputt!" – „Bed?" – „Ja, kaputt!" – „Just a minute please."

Einige Minuten später klopfte es an der Zimmertür und draußen stand ein anderer uniformierter Angestellter.

„Sie Probleme mit Bett?", fragte er in gebrochenem Deutsch.

„Ja, Bett, kaputt," sprachs und zeigte auf die Bescherung.

Auch der gute Mann war ziemlich sprachlos über das, was er dort sah. Wo mal ein schönes Kingsize-Bett gestanden hatte, war nur noch ein wirrer Haufen mit Bettwäsche und zerborstenen Holzlatten.

„Nix Problem, wir neues Bett," meinte er daraufhin und entschwand wieder.

Zurück an der Rezeption erstattete er Bericht, der allgemeine Heiterkeit verursachte. Die anwesenden Hotelangestellten lachten herzhaft über das Missgeschick dieses sonderbaren Touristen. Da sie eine weitere Katastrophe vermeiden wollten, griffen sie zu drastischeren Maßnahmen und schickten nun ein Metallbett nach oben.

Es klopfte erneut an der Tür und Frau Mama öffnete. Dort stand ein neues, frischbezogenes Bett. Es wurde hereingeschoben und die Überreste der ehemaligen Schlafstätte wurden entsorgt. Walter war erleichtert, zumindest brauchte er jetzt nicht auf dem Fußboden zu übernachten, und das war gut so, denn immerhin sollten sie drei Tage in diesem Hause verbringen. Das diente sozusagen der Akklimatisation an Land und Leute, bevor es dann im Kleinbus auf Safari gehen sollte.

Sie machten sich zunächst etwas frisch, legten sich dann noch ein bisschen hin und am späten Nachmittag gingen sie dann zum Pool. Es war ein herrlicher Pool, beheizt, mit schönen Liegen, geschützt vor unliebsamen Blicken. Sie legten sich etwas hin und genossen die afrikanische Sonne, natürlich nur unter einem Sonnenschirm. Denn beide waren sehr hellhäutig …

Danach spazierten sie durch die Hotelhalle, wo Mama gleich einen Laden entdeckte, in dem sie ihren Gutschein einlösen konnte. Sie erstand einen netten Pyjama, zwei Unterhosen und eine Zahnbürste. Alles andere konnte sie sich zur Not von Walter ausleihen, er hatte ja auch genug in seinem Koffer.

Dieser erste Tag verlief sehr ruhig, da sie sich erst mal von den Strapazen der langen Flugreise erholen mussten. Sie genossen das üppige Buffet mit internationalen und kenianischen Spezialitäten, das am Abend im Restaurant kredenzt wurde. Überhaupt, das Hotel war einfach der Hammer. Am liebsten wäre Walter die zwei Wochen hier geblieben, aber, es waren leider nur drei Übernachtungen geplant, dann sollte es losgehen mit der Safari.

Als die beiden sich nach diesem anstrengenden Tag endlich zur Ruhe begaben, stellten sie fest, dass sie ein leises Ziehen und Kribbeln an den Füßen verspürten. Sie zogen die Sandalen aus und sahen die Bescherung: Dort, wo die Lederriemchen die nackte Haut nicht bedeckten, blinkte ihnen die Haut in Schweinchenrosa entgegen. Ein Sonnenbrand, an den Füßen! Und das gleich am ersten Tag! Walter hatte in weiser Voraussicht etwas Aftersun eingepackt und so cremten sie die

Füße dick mit der Lotion ein, in der Hoffnung, dass dieses kleine Malheur sie nicht zu sehr beeinträchtigen werde.

***

Am nächsten Morgen zeigte sich allerdings, dass sich ihre trügerischen Hoffnungen leider nicht erfüllten. Beide hatten kleine Bläschen an den Füßen. Schweren Herzens zogen sie nun leichte Baumwollsocken an und die Espadrilles, um einen weiteren Kontakt mit der Sonne zu vermeiden. Nach einem Marathonlauf war es beiden nicht zumute.

Sie begaben sich schließlich in die Frühstückshalle und bedienten sich wieder fürstlich am üppigen Frühstücksbuffet. Hier litten sie auf jeden Fall keinen Hunger! Um elf Uhr wurden sie dann von einem Kleinbus ihres Reiseunternehmers abgeholt, der sich entschuldigte, dass man sie am Vortag nicht am Flughafen abgeholt hatte. Aber man habe auf sie gewartet, und als niemand kam, sei der Busfahrer wieder abgefahren. Frau Mama berichtete von ihrem verschwundenen Koffer und der hilfreiche Mann wollte sich umgehend darum kümmern. Auf dem Tagesprogramm stand eine Stadtrundfahrt durch Nairobi mit der Besichtigung des Nationalmuseums.

Als sie durch die Stadt fuhren, kamen ihnen diverse Gebäude und Straßen schon ziemlich bekannt vor und sie erzählten ihrem Reiseleiter, dass sie schon am Vortag, mit dem Taxi dies gesehen hätten. Der Mann stutzte etwas, sagte aber nichts. Er konnte sich denken, was da vorgefallen war. Aber er konnte auch seinen Landsmann verstehen …

Besonders der Besuch im Museum war sehr informativ, da waren zum Beispiel auch die Gerätschaften ausgestellt, mit denen die einzelnen Volksstämme immer noch die Beschneidungen bei Jungen ... und Mädchen durchführten: scharfe Steine, rostige Rasierklingen, uralte Küchenkneipchen et cetera. In Walters Hose verkroch sich Walters Willi immer tiefer in die schützenden Hüllen seiner Leibesfülle. ‚Oh je! Lieber nicht!', dachte Walter. Und auch Frau Mama war nicht wirklich begeistert von diesen Utensilien und dem, was damit gemacht wurde.

Wie sie erfuhren, war die Beschneidung der Mädchen zwar nun offiziell verboten, aber sie wurden weiterhin heimlich durchgeführt, weil eine unbeschnittene Frau einfach keinen Mann fand. Alte Vorurteile sitzen tief, und die lassen sich auch nicht per Gesetz ausmerzen. So wird es sicherlich noch eine bis zwei Generationen dauern, bis diese barbarische Sitte endlich ihr Ende gefunden haben wird.

Im Museum gab es aber auch weitere interessante Exponate, zum Beispiel die riesigen Stoßzähne des ältesten bekannten Elefanten, der vor einigen Jahren an Altersschwäche gestorben war, Perlencolliers und anderer Schmuck der Massai-Frauen, ausgestopfte Tiere und vieles mehr.

Nach diesem Ausflug in „Kultur" brachte der Bus sie ins Hotel zurück und sie genossen den Abend am Pool mit einem leckeren Grillteller: Es gab gegrillte Antilope, Zebra und Rind. Sie erfuhren, dass bei der Wanderung der Wildtiere immer wieder Tiere außerhalb der Parks verletzt wurden, und dass diese Tiere dann abgeschossen und an die Hotels verkauft wurden. Sie genossen das zarte Fleisch und freuten sich auf den nächsten Tag.

***

Am dritten Tag ihrer Reise besuchten sie einen traditionellen Markt mit interessanten Gemüseständen und lebenden Tieren. Dort wäre Frau Mama um ein Haar ihres Portemonnaies entledigt worden, wenn der nette Reiseleiter nicht schnell und beherzt eingegriffen hätte. Er riet ihr, die Handtasche immer fest verschlossen unter dem Arm zu halten, um solche Situationen zu vermeiden. Denn bei der allgemeinen Armut im Lande galt insbesondere der Spruch: Gelegenheit macht Diebe … Deshalb sollte man die Menschen nicht erst in Versuchung führen.

Danach erfolgte der erste Besuch in einem Wildreservat: Nairobi National Park. Am Eingang des Parks gab es eine kleine Auffangstation für verletzte Tiere und dort konnte man auch Tiere sehen, die man üblicherweise nicht so oft zu sehen bekam. Der Reiseleiter empfahl ihnen, gleich dort ein Bild vom Leoparden zu machen, denn es sei extrem selten, dass Touristen diese beliebte Wildkatze in freier Wildbahn sehen würden. Walter zückte alsbald die Kamera und schoss einige Bilder. Dann gings los, zur ersten Safari.

Das Naturschutzgebiet liegt am Rande Nairobis, nur sieben Kilometer von der Hauptstadt entfernt, und ist nicht besonders groß, aber in ihm leben trotzdem viele der geschützten Tiere. Die Wege sind besonders gut befahrbar, so dass auch ungeübte Touristen in Leihwagen diesen Park fast gefahrlos besuchen können. Es ist fast so, wie in den Safariparks in Europa … Dennoch sind die dort lebenden Tiere wild und unberechenbar.

Zwei Stunden lang fuhren sie durch den Park und stiegen auch an diversen Aussichtspunkten aus. Dort sahen sie überall Hinweisschilder: „Don't feed the monkeys! Beware of Hippos!" Wie sie von ihrem Reiseleiter erfuhren, hatten diese Hinweise es in sich. Denn man durfte auf keinen Fall außerhalb des geschlossenen Fahrzeugs essen. Die Affen haben nämlich keine Angst vor Menschen und würden die Picknicker in Rudeln überfallen, um das Essen zu stehlen. Sie hatten scharfe Zähne und würden diese auch sehr schnell einsetzen. Affenbisse würden sich außerdem schnell infizieren und hässliche Narben hinterlassen. Besonders an den Wasserlöchern müsste man sich vor Nilpferden in Acht nehmen, die an Land seien. Es würden jährlich mehr Menschen sterben und verletzt werden durch Zwischenfälle mit Nilpferden als mit den anderen Tieren zusammen. Touristen würden diese wilden Tiere oft unterschätzen und sich ihnen nähern, ohne die Gefahr zu erkennen. Ein Nilpferd sei jedoch in der Lage ein Krokodil zu zermalmen, und würde sich an Land sehr schnell bedroht fühlen und deshalb auch Menschen angreifen.

Dies waren also ihre ersten Lektionen in puncto Umgang mit Wildtieren. Sie hatten Glück und sahen auch gleich am ersten Tag einige Antilopen, Affen und Giraffen. Da die Nacht in Kenia sehr schnell hereinbricht, man ist ja am Äquator, ist immer darauf zu achten, dass man vor Einbruch der Nacht den Park verlässt. Gegen achtzehn Uhr ist es schon stockdunkel.

Der Fahrer setzte sie gegen neunzehn Uhr wieder beim Hotel ab. Dort erwartete sie eine freudige Nachricht: Der Koffer von Frau Mama war endlich wieder aufgetaucht und wartete in ihrem Zimmer auf sie. Wie sie den diversen Aufklebern auf dem Koffer entnehmen konnten, hatte dieser wohl eine kleine Weltreise hinter sich: Brasilien, Kanaren, Marokko, Sudan … Er sah auch etwas mitgenommen aus, aber letztendlich war er nun da und Frau Mama war erleichtert, dass sie ihre ganzen Reiseutensilien wieder zur Verfügung hatte.

Nach dem wundervollen Abendmahl auf der Hotelterrasse unter dem Sternenhimmel des Südens packten die beiden Safari-Anwärter ihre Sachen für die kommenden Reisetage durch den wilden Osten Afrikas. Gottlob würden sie die meiste Zeit in dem Safaribus verbringen, denn ihre Füße waren nach besagtem, unfreiwilligem Sonnenbad nicht sonderlich gehtauglich: Sie waren immer noch rot, voller Brandbläschen und sehr druckempfindlich.

***

Die letzte Nacht im Fünfsternehotel verlief ruhig. Nach dem Frühstück holte sie dann der Reiseleiter in einem Nissan-Bus ab, in dem noch vier weitere Reisegäste saßen, zwei Schweizer und ein holländisches Ehepaar. Insgesamt waren mit Fahrer, Reiseleiter und den Aars acht Personen in dem Kleinbus, inklusive Gepäck. Wilde Sprünge würde das Gefährt mit dieser Last also auch nicht mehr machen, zumal Walter allein ja schon fast für drei zählte.

Der erste Reisetag führte sie durch das Landesinnere zum Massai-Mara-Nationalpark. Die Mara ist die nördliche Verlängerung der Serengeti und bekannt für ihren Wildreichtum während der großen Wanderperioden. Am Anfang waren die Straßen noch sehr ordentlich, zumindest asphaltiert, je mehr man sich dem Wildreservat näherte, desto schlechter wurden sie, bis man schließlich auf einer Schotterpiste kräftig durchgerüttelt wurde.

Kaum waren sie durch das Tor am Parkeingang gefahren, als man auch schon die ersten Wildtiere erblicken konnte. Gnus und Zebras, soweit das Auge reichte. Tausende von ihnen, vielleicht Hunderttausende. Dazwischen immer wieder mal Antilopen oder der lange

Hals einer Giraffe. Und ununterbrochen dieses muhende Geräusch der Gnus. Es war eine überwältigende Erfahrung dies zu sehen. Das hätten sich Mutter und Sohn so nie vorstellen können.

Der Bus brachte sie zunächst in die Mara Serena Lodge, wo sie die nächsten beiden Nächte verbringen würden. Man wies ihnen eine kleine „Lehmhütte" zu, die aber äußerst komfortabel eingerichtet war, inklusive Klimaanlage, Zimmerbar und Satellitenfernsehen. In der größeren Lehmhütte waren der Empfang und das Restaurant untergebracht. Von dort aus hatte man einen fantastischen Blick auf die Ebene mit den Wildherden. Die ganze Anlage war wie ein traditionelles Massai-Dorf angelegt.

Bevor man den kleinen Hügel Richtung Zimmer runterlief, gab es aber noch ein kleines Hinweisschild: ein gelbes Dreieck mit einem stattlichen schwarzen Löwen. Als ob die Löwen so nahe an das Hotel kämen! Walter schüttelte verwundert den Kopf, als er mit Frau Mama wieder Richtung Empfang schritt, wo sie sich mit ihren Reisekumpanen zum zweiten Teil der Safari am Nachmittag trafen.

Der Bus rumpelte über die Piste quer durch die riesigen Herden. Rechts, links, vorne und hinten nur schwarze Gnuleiber, und ab und zu ein breitgestreiftes Steppenzebra, eine Thomson- oder eine Grant-Gazelle, eine größere, „schiefe", hellere Kongoni- oder dunkle Topi-Antilope, eine grobgefleckte Massai-Giraffe, und dann … endlich! Aas! Also auch Raubtiere! Der Reiseleiter, Edward, forderte sie auf, die Augen offen zu halten, denn die Tiere, die diese Gnus gerissen hatten, mussten noch in der Nähe sein. Vielleicht Löwen, oder Hyänen. Geier und Marabus hatten sich schon über die Beute hergemacht und ließen sich auch von dem Tourbus nicht stören. Die Tiere in den Wildreservaten hatten sich längst an das neue „Tier" Safaribus gewöhnt. Es war ja harmlos, von ihm ging keine Gefahr aus.

„Da", meinte der Schweizer vor ihnen. „Dort hinten hat sich etwas bewegt!"

Langsam dirigierte der erfahrene Fahrer seinen Nissan in die angezeigte Richtung. Und tatsächlich, dort waren sie: Hyänen! Die gefürchtesten Jäger der afrikanischen Savanne, denn vor ihrem gewaltigen Gebiss fürchtete sich sogar der „König der Tiere", die Löwen. Es war eine kleine Familie mit Fleckenhyänen. Acht Tiere, davon zwei Jungtiere. Sie gaben die typischen kurzen kläffenden Laute von sich, um vor der Gefahr des sich nähernden Busses zu warnen. Rechts und links klickten die Kameras und auch Walter machte einige Aufnahmen mit der neuen Digitalkamera. Frau Mama war begeistert. Afrika live! So hatte sie sich das vorgestellt!

***

Als die Sonne sich wieder dem Horizont näherte, fuhren sie zur Lodge zurück. Abendessen auf der großen Terrasse mit Blick auf die Ebene. Das Wasserloch war mit riesigen Scheinwerfern beleuchtet, so dass man auch in der Dunkelheit noch sehen konnte, welche Tiere zur Tränke kamen. Imposant! Familie Aar war tief beeindruckt. Walter hatte jedoch genug Natur für diesen Tag, er wollte noch ein bisschen im Internet surfen und die Bilder von der Kamera herunterladen. So ließ er seine Mutter, die sich noch mit den anderen Gästen unterhielt, auf der Terrasse zurück.

Der Pfad zu den Zimmer-Hütten war nur sehr spärlich beleuchtet. Man musste schon aufpassen, wo man hintrat, um auf den großen Steinplatten nicht zu stolpern. Dann hörte er es zum ersten Mal, dieses merkwürdige Geräusch. Es klang wie ein tiefes, dumpfes Goaksen. Zuerst war es weiter weg, doch dann kam es immer näher und wurde lauter und deutlicher. Ein solches Geräusch hatte er noch nie gehört. Er konnte es also auch überhaupt nicht zuordnen. Und plötzlich war er da! Direkt vor ihm, keine fünfzehn Meter entfernt! Ein stattlicher Löwe! Walter traute seinen Augen nicht, er war so erstaunt und perplex, dass er noch nicht mal Angst verspürte. Er stand Auge in Auge mit einem leibhaftigen, wilden Löwen, ohne schützendes Auto oder Gitter. Der Löwe fixierte ihn und brüllte nochmal. Walter blieb wie versteinert stehen. Er wagte es nicht, einen Muskel zu bewegen. Rechts vor ihm, etwa fünf Meter entfernt war sein Zimmer, seine Hütte! Der Schlüssel lag in seiner Hand. Sollte er es wagen dahin zu rennen? Im Rennen war der Löwe sicherlich im Vorteil …der hatte ja auch keine vier Zentner zu schleppen und war auch wesentlich besser durchtrainiert. So entschloss sich Walter für die Zeitlupentechnik. Ganz langsam bewegte er einen Fuß vor den anderen.

Plötzlich hörte er Geräusche von oben. Da kamen noch weitere Gäste den Pfad herunter. Schweißperlen standen auf Walters Stirn. Was nun? Sollte er sie warnen? Das traute er sich aber nicht! Auch der Löwe hatte die Stimmen gehört. Er brummte, schüttelte seine gewaltige Mähne und trottete von dannen. Weg! Er war weg! Erleichtert legte Walter die letzten Schritte zu seinem Zimmer zurück. Erst als er dort angekommen war, fühlte er die Nässe, die sich an seinen Beinen breitmachte: Er hatte sich vor Angst in die Hosen gemacht!

Schnell zog er das unrühmliche Zeugnis seiner Angst aus, wusch die leichten Baumwollshorts und hing sie im Badezimmer zum Trocknen auf. Dann schaltete er den Laptop ein und rief seine Mails auf. Afrika! Das hatte ihm jetzt gerade mal gereicht! Kaum hatte er gedacht, er könne sich doch mit dieser blöden Safari anfreunden, als ihm so was passieren musste! Peinlich!

Seiner Mutter erzählte er nichts von diesem Abenteuer mit dem Löwen. Er wollte sie nicht unnötig aufregen. Sie wunderte sich zwar, dass ihr Sohn die Bermudashorts und seine Unterhosen ausgewaschen hatte, freiwillig, und selber … eine positive Entwicklung, das hätte sie ihm nämlich nicht zugetraut, dass er das überhaupt konnte! Üblicherweise war nämlich nur Frau Mama für die Wäsche im Hause Aar zuständig.

***

Am nächsten Morgen ging es dann gleich wieder, nach dem üppigen Frühstück mit frischen Mangos und Papayas, auf die Pirsch. Der Fahrer kutschierte sie ganz langsam über die holprigen Pisten und führte sie zu diversen Punkten, wo es etwas zu sehen gab: Ein Rudel Elefanten suhlte sich in einem Schlammloch, ein neugeborenes Giraffenbaby versuchte auf seine staksigen Beinchen zu kommen, während seine riesige Mama ihm dabei zu Hilfe kam und ein Gepardenweibchen mit Jungen sonnte sich auf einer Lichtung.

Das meiste gab es jedoch am Fluss zu sehen. Die riesigen Herden von Gnus und Zebras versuchten den Fluss Mara River zu überqueren, dabei rutschten immer wieder Tiere an der Böschung ab und konnten nicht mehr an Land gelangen. Sie ertranken schließlich vor Erschöpfung und unten an der Flussbiegung sammelten sich diese Tierkadaver. Hier hatten sich auch eine ganze Reihe von Krokodilen eingefunden, die sich an dieser leichten Beute labten. Die, die schon gesättigt waren, lagen fett und faul am Ufer und ließen die Sonne auf ihre großschuppige Haut scheinen.

Bei der Flussüberquerung spielten sich andauernd Dramen über Leben und Tod ab, wenn zum Beispiel Jungtiere von ihren Müttern getrennt wurden und dann verzweifelt nach ihnen suchten, oder wenn die Herden ihre erschöpften Artgenossen zu Tode trampelten. Die Natur war doch ziemlich brutal und unbarmherzig, fand Frau Mama. Am liebsten wäre sie jedem kleinen Gnu eigenhändig zu Hilfe geeilt. Aber das Eingreifen war verboten. So war nun mal der Lauf der Dinge in der Natur … Fressen oder gefressen werden …

Walter fand die ganze Rumgurkerei um ein paar Viecher zu sehen ziemlich öde. Er wagte es aber nicht, dies laut zu äußern. Brav knipste er auf Wunsch seiner Mutter die Gnus, Krokodile, Elefanten und Giraffen und lauschte der Erläuterungen und Erzählungen von Edward, ihrem Reiseleiter. Das Dach des Safaribusses konnte geöffnet werden, so dass die Touristen einen besseren Blick zum Beobachten und Fotografieren der Tiere hatten. Meistens drängelten sich alle oben, und nur Walter blieb sitzen, er konnte ja auch aus dem Fenster kucken, das er ebenfalls geöffnet hatte, um bessere Sicht für die Bilder zu haben.

Gerade fuhren sie langsam durch die Savanne und das hohe Gras versperrte die Sicht. Der Fahrer hatte einen jagenden Löwen gesehen und rechnete damit, dass der Löwe bald am Auto vorbeilaufen musste, so dass die Touristen ihn optimal ins Bild bekämen. Alle suchten den Löwen, doch er war wie vom Erdboden verschluckt. Nichts zu sehen. Nur einer sagte nichts, aber auch gar nichts! Walter! Denn Walter wusste, wo der Löwe war, nämlich genau vor seiner Nase! Nicht schon wieder ein

Löwe, und so nah! Kein Meter von ihm entfernt, sahen sich beide Auge in Auge. Walter wagte nicht einmal sein Augenlid zu bewegen, geschweige denn einen Finger um ein Bild zu schießen, denn so gut würde sicherlich kein anderer den Löwen vor die Kamera bekommen. Walter konnte sogar den fauligen Atem der Raubkatze riechen, ekelhaft, und hörte das leicht genervte Knurren des stattlichen Paschas. Da der Löwe nicht vor dem Wagen auftauchte, beschloss der Fahrer schließlich doch weiterzufahren. Nachdem sie so zwanzig-dreißig Meter weitergefahren waren, erwachte Walter aus seiner Versteinerung und fing an:

„Da, da, … da", zu lallen.

Seine Mutter drehte sich zu ihm runter und sah ihn besorgt an:

„Was ist mit dir Walter, ist dir nicht gut?"

„Da, da war der Löwe."

„Wo?", alle drehten sich blitzschnell zu ihm um.

„Da hinten, wo wir standen, genau an meinem Fenster, am Auto."

Als Fahrer und Reiseleiter dies erfuhren, veränderte sich ihre Gesichtsfarbe in ein fahles Grau. Das hätte sehr leicht ins Auge gehen können. Schon mehr als einmal wurden Touristen in den Bussen von Löwen angefallen. Noch im Nachhinein wurde Walter übel, als er das hörte. Er musste den Kopf aus dem Wagen halten, um mal kurz seinen Magen zu entleeren. Danach hielt er das Fenster stets verschlossen, und es war ihm egal, ob man bei den Bildern den leichten Flaum des geschlossenen Fensters erkennen konnte. Sein Überleben war ihm nun mal wichtiger als wunderschöne Bilder, die man eventuell nur noch posthum würdigen würde.

Zwei Tage Safari, mit dem Ausflug in Nairobi drei, und sie würden noch sieben Tage durch Kenia fahren. Eigentlich hatte Walter die Hosen bereits gestrichen voll. Oh nein! Oh doch! Sie waren voll! Gottlob war ja alles offen, so dass die anderen Gäste den Duft der großen weiten Welt nicht vernahmen. Beim nächsten Halt verschwand Walter kurz hinter die Büsche und entledigte sich so schnell es nur ging seiner vollen Unterhose und fuhr halt den Rest des Tages ohne Unterwäsche mit.

Während alle anderen Reiseteilnehmer wirklich begeistert waren von ihrer Reise und dieser Safari, hielt sich Walters Begeisterung in Grenzen. Er wollte nur noch nach Hause. Doch er war am Arsch der Welt und „zu Hause" sehr weit weg. Zunächst musste er jetzt nur noch die kommenden Tage überleben.

***

Am nächsten Morgen ging es gleich nach dem Frühstück wieder los. Man fuhr nochmals durch den Park und dann über die sehr gewöhnungsbedürftigen Straßen zum Nationalpark von Lake Nakuru. Am frühen Nachmittag erreichte man das Hotel, das direkt am See lag. Es war ein Natronsee, an dem viele Wildvögel Rast machten: Flamingos, Pelikane, Reiher, Störche und diverse Entensorten paddelten und staksten durch die seichte Lauge. Einige Waterbucks, eine Antilopenart, die in der Nähe von Gewässern lebt, kamen auch zur Tränke. Sie waren alle dankbare Fotomotive und Walter war heilfroh an diesem Tag nicht durch irgendwelche Viecher, außer den Moskitos, die sich an seinem Blut labten, bedroht zu werden.

***

Tags darauf ging es weiter zum Meru Nationalpark. Auf dem Weg dorthin machte der Fahrer, John, in einem kleinen Dorf Halt. Edward erklärte, dass sein Landsmann seine Verwandtschaft dort besuchen wollte und deshalb auch alle Reisenden zum Besuch einer afrikanischen Familie einlud. Alle waren hellauf begeistert, außer Walter! Ihm graute vor den dürftigen hygienischen Verhältnissen, dem Staub, den Fliegen und dem ganzen Dreck. Aber es half alles nichts. Er musste mit. So betrat er die Rundhütte, die aus Holz und Palmenblättern gebaut war. Die ältere Frau, Johns Tante, begrüßte ihren Neffen voller Freude und lud alle zu einem „Glas" Bananenbier ein, das sie gerade braute. In der Tat, in der Mitte der Hütte stand ein riesiger Topf, in dem sich ein undefinierbarer weißlich gelblicher Sud befand, in dem sie ab und zu rührte.

Sie nahm ein seltsames Gefäß aus Weißblech, es handelte sich bei näherem Hinsehen um eine umfunktionierte Konservendose mit Henkel, und schöpfte damit etwas von der Flüssigkeit ab. Dann hielt sie es reihum den Gästen hin zum Trinken. Jeder trank aus dem gleichen Behälter, ohne dass er zwischendurch abgewischt oder gespült wurde. Walter wurde beim reinen Hinsehen schon übel. Er, der doch so etepetete war, sollte aus so einem Ding etwas trinken, das er noch nicht mal identifizieren konnte. Oh Gott!

Dennoch wagte er es nicht die zahnlos grinsende Alte zu enttäuschen und so nippte er brav an dem Gebräu … Puahhh, war das stark! Das war ja noch stärker als Schnaps, von wegen „Bier", und schoss schnurstracks über die Synapsen ins Hirn. Ein regelrechter Torpedo, da waren alle Szenedrinks Mumpitz. Drei kleine Schlückchen und Walter war stockbetrunken. Den anderen Gästen erging es nicht besser, und auch Frau Mama hatte eine im Tee. Die Kenianer lachten, als sie den Zustand ihrer Gäste sahen. Edward und John verfrachteten sie wieder in den Kleinbus, nachdem jeder der Tante etwas Backschisch gegeben hatte. Die Fahrt ging jetzt feucht fröhlich weiter, denn einer der Schweizer hatte gleich eine Flasche „Wegzehrung" erworben für einige Schilling. Sogar Walter grölte mit, als es mit „Schöne Maid" und „Viva Colonia" zum deutschen Liedgut überging. Auf diese Weise verging der zweite Teil der Tagesreise relativ schnell und schließlich kamen sie wieder halbwegs nüchtern im Meru Nationalpark an, nachdem sie kurz vorher noch einen Foto-Stopp am Äquator gemacht hatten.

Je mehr sie Richtung Norden gefahren waren, desto trockner wurde die Savanne. Die Vegetation war jetzt schon fast wüstenartig. Nur noch vertrocknetes Gras, Schirmakazien und diverse Kakteenarten säumten die Piste auf der sie Richtung Lodge rumpelten. Auf den einzelnen Affenbrotbäumen hausten ganze Pavianhorden, die sich gleich auf den Bus stürzten, als John anhielt, damit man einige Schnappschüsse machen konnte. Die Gäste wurden darauf hingewiesen, auf jeden Fall die Fenster und das Dach geschlossen zu halten, denn die Paviane waren extrem gefährlich. Ihre Bisse werden gefürchtet, und das konnte Walter durchaus verstehen, als er das riesige Gebiss des Männchens sah, das sich vor seinem Fenster promenierte. Faszinierend, das rote Hinterteil und die imposante Männlichkeit, die das Tier präsentierte. Wow! Brav knipste Walter Erinnerungsfotos für Frau Mama.

Dann ging es weiter. Elefanten, Dikdiks (winzige Zwergantilopen, die nicht größer als Hasen waren), Impalas und die berühmten Gerenuk-Antilopen mit ihren langen Hälsen, Oryx-Antilopen mit den riesigen Hörnern und seltene Grevy-Zebras wurden gesichtet. Schließlich kamen sie an der großen Lodge an. Auch

hier waren die Zimmer in einzelnen Hütten untergebracht, diesmal waren es hohe Holzhütten. Durch die
Konstruktion der Hütten wirkte das Dach als eine Art
Abzug für die Hitze, so dass sie relativ kühl waren, obwohl sie keine elektrische Klimaanlage hatten. An den
Fenstern war überall eine Art feiner Maschendraht. Die
Moskitos und die Geckos schlüpften dort zwar problemlos durch, aber die Meerkatzen, die es zu Hunder-
ten in der Lodge gab, mussten draußen bleiben. Sie
tobten auf den Dächern und stöberten in den Mülltonn-
nen. Walter war besonders von den türkisfarbenen Ge-
nitalien der Tiere fasziniert und ließ die Kamera klik-
ken.

Wie gehabt war auch hier das Restaurant in dem
etwas größeren, zentralen Gebäude, und direkt an dem
Fluss, der unmittelbar an der Lodge vorbeiführte, war
die Bar. Sie war praktisch bis in den Fluss hineingebaut
worden. Nur eine kleine Mauer trennte die Hotelgäste
von den … Krokodilen, die direkt am Fuße des Mäuer-
chens ihr Mittagsschläfchen hielten. Kleine Schilder auf
der Mauer warnten vor den Reptilien „Beware of croco-
diles" stand auf der einen Seite und … „Beware of tou-
rists" auf der anderen! Überall auf dem Weg zwischen
dem Restaurant und den Hütten standen gelbe Schilder
mit einem Krokodil. Inzwischen wusste Walter, was das
bedeutete: freilaufende Krokos! Ehrlich … er zog die
Biester in Handtaschenformat vor und wollte nicht unbedingt mit dem wandelnden Handtaschenmaterial persönliche Bekanntschaft schließen …

Dennoch konnte er natürlich seiner Mutter nicht
widersprechen, als sie den Krokos bei der Fütterung zu-
sehen wollte. Brav nippte er an seinem Drink, einer
Bloody Mary, während seine Mutter ihren Gin-Tonic
süffelte. Und die großen Echsen unter ihnen zerfleisch-

ten die vom Hotelpersonal hingeworfenen Fleischbrok-
ken. Sie konnten alle die riesigen Zahnlatten sehen. Er-
schreckend, gruselig schön!

Nach dem Essen ging es nochmal los auf Wild-
schau. Eigentlich wäre Walter lieber in der Lodge geblieben, er hatte das ständige Herumfahren um irgendwelche Tiere zu sehen satt. Aber seine Pflichten als
Hoffotograf von Frau Mama riefen und so musste er
natürlich auch mit. Als sie zurückkamen, war es schon
dunkel, und der Weg zu ihrer Hütte war nur spärlich
beleuchtet. Plötzlich bewegte sich etwas im Gras. Nur
einen Schatten konnte Walter erkennen. Was war das?
Ein Affe? Eine Katze? Nein, der Schatten war größer
und schnell. Dann erinnerte sich Walter an die Warn-
schilder.

„Mama, komm schnell, ein Krokodil", er zerrte
seine Mutter, die gar nicht so richtig begriff, was los
war, hurtig Richtung Zimmer. Der Schatten kroch hinter
ihnen her und Walter rannte panisch zur Tür, schloss
auf, schubste seine Mutter rein und machte schnell wieder zu. Gerettet! Er würde mit Sicherheit in der Nacht
diese Hütte nicht mehr verlassen.

Tja, so einfach war es aber nicht, denn der Magen
fing an zu knurren und man wollte dann schließlich
doch zum Abendessen. Vorsichtig öffnete Walter die
Tür und vergewisserte sich, dass das böse Urviech sie
da draußen nicht abpasste, bevor er mit seiner Mutter
herauskam, um den Weg zum abendlichen Buffet anzu-
treten. Diesmal war mehr Betrieb draußen, weil die Gäste inzwischen alle eingetroffen waren und auch zum
abendlichen Dinner schritten. Wie die Gnus begaben
sich Walter und Mama in den Schutz der Herde und
wanderten mit ihr zum Abendessen.

Auch hier gab es diverse Wildsorten und lokale Spezialitäten neben den üblichen internationalen Buffetzutaten. Durch die aufregende Begegnung der dritten Art mit der wandelnden Krokotasche war Walter ziemlich erschöpft und ging deshalb gleich mit Frau Mama nach dem Essen zu Bett. Auch diesmal achtete er darauf, nicht allein den Weg vom Hauptgebäude zur Zimmerhütte zu laufen.

**

Der zweite Tag im Meru verlief ohne weitere erwähnenswerte Zwischenfälle, und auch der nächste im Samburu Nationalpark war eher ruhig. So langsam hatte sich Walter an das Leben auf Safari gewöhnt. Im Samburu gab es große Elefantenherden und sie konnten sogar beobachten, wie ein Elefantenbulle eine Kuh bestieg. Hochzeit der Giganten. Beeindruckend, in jeder Hinsicht.

Am zweiten Tag im Samburu besuchten sie die Rhinos. Denn inzwischen sind die Nashörner so selten geworden, dass jedes einzelne Tier Tag und Nacht von Wildhütern bewacht wird. Der Schwarzmarktpreis für das Horn der Nashörner, das in Asien als Potenzmittel gilt, war extrem gestiegen, so dass die Wilderer trotz aller Schutzmaßnahmen immer wieder Tiere erlegten. Der Nebeneffekt dieser Maßnahmen war, dass die Nashörner sich an die Menschen gewöhnt hatten. Man konnte deshalb an die Nashörner herangehen und sie sogar streicheln. Natürlich musste Walter seine Frau Mama beim Nashorn-Streicheln fotografieren.

Walter hatte nur seine Kamera-Einstellung im Sinn. So achtete er nicht weiter auf die Vorsichtsmaßnahmen, die Edward ihnen vorher eingebläut hatte: Niemals dem Nashorn direkt vor die Augen treten. Sich immer nur einem Nashorn von hinten oder von der Seite nähern, nie zwischen eine Kuh und ihr Kalb treten. Walter sah zwar das Nashorn vor sich, aber nicht das hinter ihm! Es war ein Jungtier, erst wenige Monate alt. Walter trat nun zwischen Mutter und Kind. Ein fataler Fehler! Denn das Muttertier schnaubte auf einmal gefährlich und fing an sich auf Walter zu zu bewegen. Walter bekam es mit der Angst zu tun und fing an zu rennen, so schnell es seine fetten Beinchen gestatteten. Und der Koloss hinter ihm her! Ein Bild für Götter, das der junge Schweizer mit seiner Kamera festhielt: Walter wurde von der Nashornkuh gejagt: Koloss jagt Koloss … zwei Schwergewichte ließen die Erde der Savanne erzittern. Gottlob hatte der Wildhüter die Situation blitzschnell erfasst und legte die wütende Kuh mit einem gezielten Schuss seines Betäubungsgewehrs schlafen. Walter wurde ausgeschimpft und musste für den Rettungsschuss dreitausend Schilling bezahlen, denn er hatte sich ja nur durch seine eigene Unvorsichtigkeit in Gefahr gebracht. Dann mussten alle wieder in den Bus und wegfahren. Peinlich!

***

Vom Samburu fuhren sie zum Mount Kenya National Park und übernachteten in der Mountain Lodge. Ein tolles Hotel, das auf Stelzen gebaut war, wie ein Baumhaus. Elefanten, Antilopen und Lemuren waren hier während der Nachtpirsch am Wasserloch zu beobachten. Man lag in einem unterirdischen Bunker direkt am Wasserloch auf der Lauer, die Tiere waren unmittelbar vor dem kleinen Ausguckloch. Es war aber gefahrlos, weil alles mit Sicherheitsglas und Beton gesichert war.

Von dort ging es wieder gen Süden in den Amboseli National Park, der direkt am Fuße des Kilimandscharos lag. Der Blick auf den Berg der Götter war grandios, unvergesslich. Die Lodge mit dem wunderschönen Pool war sehr weitläufig angelegt. Und aus gutem Grund, wie sich bald herausstellen sollte.

Die wilden Tiere liefen nämlich einfach durch die Lodge! Gazellen, Marabus und andere wanderten einfach zwischen den Touristen hindurch. Hautnah! Für manche Menschen verleitete diese Nähe zu den Wildtieren zur Unvorsicht. Und auch Walter gehörte zu dieser Kategorie. Herr Aar wollte ein Erinnerungsfoto, das ihn in einer Siegerpose zeigte. Deshalb überreichte er seiner Mutter die Kamera, und sie sollte sein Bildnis auf Zelluloid bannen (auch wenn es eigentlich eher auf einen Chip war), während er eine zarte, kleine Thomson-Gazelle, die gerade auf dem Rasen äste, mit den Hörnern packte. Eh viva Torero! Walter kam sich ganz groß vor, als er das kleine Tier überfiel und an die Hörner griff. Mama drückte auf den Auslöser, der gleich eine ganze Reihe von Bildern schoss … und so wurde auch Walters Griff ins Klo festgehalten, denn das kleine Tier verübte umgehend seine bittere Rache: Mit einem kurzen kräftigen Ruck hatte es sich aus Walters Umklammerung befreit und ihm seine beiden spitzen, scharfen Hörner durch die Wade gejagt. Walter johlte erschrocken auf und blickte verdutzt auf sein blutendes Bein, während die Gazelle gemächlich des Weges zog. Soviel zu Walters Wildbändiger-Fähigkeiten ….

Er musste sich in dem Krankenzimmer der Lodge behandeln lassen. Die Wunde war zwar nicht sehr tief, musste aber desinfiziert werden und sicherheitshalber verabreichte man ihm auch noch eine Tetanus-Auffrischimpfung. Der Arzt ärgerte sich über die Unvernunft der Touristen, die die Tiere immer wieder unterschätzten.

Nach seiner Behandlung humpelte Walter wieder zu seinem Zimmer. Doch er kam nicht sehr weit, als ein gellender Schrei durch die Lodge fuhr: „Stampede!". Die Erde bebte … ein Erdbeben? Nein, nur eine wildgewordene Elefantenherde, die quer durch die Lodge galoppierte. Die Gäste brachten sich blitzschnell in Sicherheit, auch Walter stürzte, so schnell er konnte, zur nächstgelegenen Veranda einer Zimmerhütte und sah sich dieses Spektakel an. Da wollte man denen lieber nicht unter die „Hufe" kommen!

***

Nach alledem war unser Held heilfroh, dass es am nächsten Tag endlich wieder Richtung Nairobi ging. Noch ein letzter Tag, und er hatte diese Schreckenstour doch mehr oder weniger heil überstanden! Auf der Abschlussfahrt durch den Nairobi-Park erwischte es dann auch noch Frau Mama: An einem Aussichtspunkt waren süße, kleine Klippschliefer, die auch sehr zutraulich waren. Sie konnte nicht widerstehen und fing an die niedlichen Tiere mit den Resten ihres importierten Reiseproviants zu füttern, obwohl ein Hinweisschild eindringlich davor warnte, die Tiere zu füttern. Zunächst verlief auch alles gut, zwei, drei der possierlichen Tierchen kamen, fraßen und zogen sich artig zurück. Nachdem Frau Aar ihren gesamten Vorrat an die süßen Kleinen verteilt hatte und ihre Tasche wieder schloss, näherte sich noch ein etwas größeres Exemplar, das auch etwas abhaben wollte. Leider war nichts mehr da, so konnte sie ihm auch nichts geben. Das Tier hatte aber kein Verständnis dafür, und biss mangels eines besseren Bissens, Frau Aar einfach in den Finger. Erschrocken schrie sie auf, als sie das blutende Fingerglied sah. Und auch sie wurde anschließend wegen ihres unvorsichtigen Handelns von den Einheimischen gerügt, während ihr Finger desinfiziert und mit einem Pflaster versehen wurde. Jetzt hatte auch Frau Mama von Afrika die Nase voll, und es war an der Zeit heimzufahren.

***

Endlich, der letzte Abend war gekommen. Sie verbrachten ihn in der Massai Lodge am Rande des Nairobi National Parks und zu Ehren der Gäste wurde nach dem Abendessen eine Show der Massai-Krieger aus der Umgebung aufgeführt. Zirka ein Dutzend junge Massai und etwa genau so viele gleichaltrige Mädchen aus dem Stamm waren in ihren Festgewändern erschienen und versammelten sich auf dem kleinen Rund vor dem Pool. Die Show begann mit einem Singsang, die Jungs auf der einen Seite, die Mädels auf der anderen, die mit ihren großen bestickten Perlencolliers wippten, während sie den Jungs Paroli boten. Nach diesem ersten Lied, das über Stunden zu gehen schien, stellten sich die Mädchen zur Seite und klatschten nur noch rhythmisch in die Hände, während die Jungs eine Art Wettbewerb begannen. Sie stießen tiefkehlige Urlaute aus und hüpften auf der Stelle. Der Reihe nach traten sie in den Kreis und begannen ihre individuelle Darbietung. Dabei wurden die tiefen Laute immer klangvoller und sie sprangen immer höher.

Walter war fasziniert von den halb nackten, glänzenden Körpern der Schauspieler, die nur mit einem ledernen Lendenschurz bekleidet waren und ihre Lanzen mit drohenden Gebärden schwangen. Das Ganze erzeugte eine unwirkliche, animalisch-mystische Atmosphäre, und die europäischen Zuschauer waren begeistert. Die Show dauerte etwa eine Stunde, dann ging eines der Mädels mit einem kleinen Behälter durch die Reihen, um die Schauspieler, die das auf freiwilliger Basis machten, zu belohnen. Auch Frau Mama legte einen Euro in den Hut. Sie war heute mal sehr spendabel, Walter ließ diesen Kelch aber an sich vorüberziehen, ohne seinen Obulus zu entrichten.

Die Kleine blickte dann kurz in die Richtung des Chefs ihrer Truppe, der dann Walter mit einem sehr merkwürdigen Blick ansah, tief, stechend und irgendwie unheilvoll. Vielleicht hätte er doch besser daran getan, seinen angeborenen Geiz zu überwinden und auch eine Münze in das kleine Gefäß zu werfen …

Während er noch so nachdachte, änderte sich die Stimmung urplötzlich. Es zog ein merkwürdiger Nebel aus dem Wasserloch gleich neben der Lodge, der sich in Richtung des Hotels ausbreitete. ‚Nebel des Grauens lässt grüßen,' dachte Walter. Auf einmal waren alle Gäste von diesem zähflüssigen, sichtverschleiernden, grauen Etwas umhüllt und Walter spürte, wie Arme nach ihm griffen. Er bekam Panik. Was sollte das! Eine Stimme schien eine Beschwörung zu artikulieren, es war ein gleichmäßiges Murmeln und Säuseln. Walter hatte jetzt richtig Angst und wollte nur noch weg hier. Er drehte sich um und fing an in Richtung seiner kleinen Hütte, oder wo er sie vermutete, zu rennen. Die Stimme blieb dicht hinter ihm und beschwor weiterhin die Hilfe irgendwelcher blutrünstiger afrikanischer Götter.

Alle möglichen Tiere hatten Walter während dieser Odyssee des Grauens schon gejagt, doch nun verfolgte ihn das gefährlichste aller Raubtiere, der Mensch!

Nach einigen Metern hatten sie ihn eingeholt und immobilisiert. Jede Gegenwehr war zwecklos, sie waren hoffnungslos in der Überzahl, außerdem jung und kräftig. Er fühlte die nackten Hände auf seiner Haut, die ihm auch noch den letzten Fetzen Stoff vom Leibe rissen. Nackt und hilflos war er seinen Häschern ausgeliefert.

Sie fesselten ihn an Händen und Füßen und trugen ihn dann zu ihrem in der Nähe gelegenen Dorf.

Auf einem großen Platz umgeben von den Lehmhütten der Massai loderte ein großes Feuer, auf dem ein gigantischer Kochtopf brodelte. Unter Gejohle wurde Walter zu dem überdimensionierten Kochgefäß geschleppt und einfach nackig hineingeschmissen. Oh nein! Die wollten ihn doch nicht etwa zur Suppeneinlage verarbeiten! Als er in die kochende Brühe plumpste, wurde ihm sehr heiß und feucht, es war ein äußerst unangenehmes Gefühl, gekocht zu werden. Kannibalen! Dies waren Kannibalen, und er war in ihrem Kochtopf gelandet. Draußen brachen die dunkelhäutigen Krieger in ein schrilles Gelächter aus. Sie durften keine Wildtiere mehr fangen und erlegen, nun, dann jagten sie halt eben geizige Touristen. Besonders Exemplare wie Walter Aar, die sehr geizig und sehr fettreich waren, wurden heiß begehrt. Ihr Fleisch schien besonders zart zu sein, denn die Muskeln wurden ja nicht sehr viel gefordert. Es tat weh, es war heiß und langsam wurde Walters Bewusstsein immer dunkler, noch ein Tunnelblick, der Tunnel wurde immer enger und dann war das Licht aus, Ende, adieu Walter Aar!

***

„Stehst du wohl endlich auf! Ich will noch frühstücken bevor wir abgeholt werden!", die aufgebrachte Stimme seiner Mutter brachte Walter ins Leben zurück. Es war nur ein Traum, ein Albtraum, er hatte diese schreckliche Szene nur geträumt! Dennoch war er schweißgebadet und fühlte sich wie gerädert. Ohne ein Wort zu sagen, ging er ins Bad, dann zog er sich an und begleitete seine Mutter zum Frühstück. Nun denn, dies war der letzte Akt dieser furchtbaren Reise!

***

Die Fahrt zum Flughafen, das Einchecken und der Rückflug verliefen ohne weitere Zwischenfälle. Walter war so erschöpft, dass er fast den ganzen Flug verschlief. Als er dann schlussendlich in Frankfurt wieder heimischen Boden unter den Füßen hatte, schwor er sich, nie wieder bei so einem Telefonquiz mitzumachen und nie wieder in die Ferne zu reisen, denn zu Hause war es doch am schönsten.

Das Demütigendste war jedoch, dass seine Mutter allen Ernstes von ihm verlangte das versprochene Reisetagebuch zu schreiben. Natürlich überging er dabei geflissentlich all seine Missgeschicke, die ihm beim Schreiben aber immer wieder vor Augen geführt wurden. In dieser Episode seines Lebens hatte er wirklich keine rühmliche Rolle gespielt, und er wollte sie deshalb so schnell wie möglich einfach vergessen.